新・長岡人

結び直す未来

高橋宏幸

幻冬舎

新・長岡人

結び直す未来

カバー写真　天野　尚
装幀　幻冬舎デザイン室

はじめに

私は、長岡に生まれ、高校まで長岡で過ごし、他の多くの同級生と同様に大学から東京に出ました。

父の知り合いの勧めもあり、霞が関の官僚となり、20代・30代は、日本国家のため、大局的な視点で行政を行うことを経験し、その中で日本のしくみ、あり方について考えました。

38歳のとき、「世界に挑戦したい」との思いで官僚を辞し、海外の外資系会計事務所に勤務しました。上司はアメリカ人、同僚はヨーロッパ人・アジア人というチームで、欧米系企業、アジア系企業を支援し、世界のしくみ、多国籍企業、各国政府のさまざまな顔を見てまいりました。

東日本大震災を機に、日本に拠点を移し、国内大手企業の海外業務を支援する仕事、大学で国際課税等を指導する仕事、長岡の父の税理士の仕事を、3分の1ずつ行う生活を暫く続け、4年前に父が亡くなり、ほぼ30年ぶりに長岡市民に戻りました。

長岡だけでなく、日本の多くの地域が厳しい状況にあるわけですが、海外では1年を単位に人々の行動様式、生活様式が変わり、国内の主要地域でも3年くらいの単位で変わるのを実感してきたところ、長岡の元気がないことを残念に思い、明日の長岡のためにと考えるようになりました。

30年間、外にいた視点からは、長岡は地理的にも、人材的にも、産業・資源の面でも、大変恵まれているように思えます。中には雪を弱点とし、諦められている方々もおられるようですが、長岡にはそれを十分に補完できるプラス要素があり、また雪も利用の仕方で武器に変えられる、と考えます。

ではなぜ、長岡がその実力どおりの発展、豊かさを達成できていないのか。市民皆が真に豊かになることを阻害する長岡特有のしくみ、あるいは日本全体の課題は何なのか。

それらを明らかにし、長岡を変えていくことが本書の目的です。

長岡魂である互尊独尊・自主独立の気概で、皆で長岡を蘇らせ、新たな長岡モデル構築により、日本を復活させましょう。

目次

はじめに　3

第一部　長岡の論点

失われた30年が残る長岡　12
長岡市が失ったもの　17
「先進国」だからこそ感じた不公平　20
鉄の結束　24
官僚の1日　26
時代遅れになった日本の省庁　29
支配としくみ　31
International Playerを目指して　34
国際会計事務所KPMGでの経験　36

破壊されたあたたかいコミュニティ 41
染み付いた欧米的価値観の残酷さ 43
経済大国日本の敗因 48
外国に搾り取られる私たち 51
安心できる場所が復活への糸口 53
経済的幸福を追求する 55
地の利を活かせない現状 57
規制緩和が新しいインフラの要 60
良い場所にいるという自覚 62
忘れられた町を救え 63
再生のための青写真 65

第二部 再生への青写真

第一の柱 人口問題への対応 70
出生数を増やす 72

健康で長生きできる社会　75
市外から長岡への転入増　77
長岡市の課題　81
第二の柱　民間活力で確実な経済成長　85
産業振興の可能性　87
企業戦略の再定義　90
産学協働の一層の推進　92
企業誘致　96
地の利を活かした観光産業　98
農業県新潟の要となる　104
挑戦できるまち　108
第三の柱　子どもたちへの未来への投資　111
人としての生き方、論理的な思考　112
地域でサポートする幼児教育　116
人材を活かした課外活動　118

10年後、15年後の国際競争力の源　120
消えゆく精神性の復活　123
第四の柱　自然環境との共存・地域における共生　128
コンパクトシティ化によって生じた町の分断　129
問われる公共交通の利便性　132
地域コミュニティの再生　136
「地域の茶の間」に見るコミュニティのあり方　139
防減災対策、災害に強いまちづくりの積極推進　142
柏崎刈羽原子力発電所　144
これからの市役所のあり方　146
苦労の歴史が生んだ米百俵の精神　148

おわりに　155

第一部

長岡の論点

失われた30年が残る長岡

東京駅から上越新幹線で1時間半。谷川岳を越え日本海側へ進んでいくにつれ、雲が低く垂れ籠める越後の風景が広がってきます。

初めて長岡の地に降り立つ人は、赤く色付いた道路に驚くのではないのでしょうか。これは市内に張り巡らせた消雪パイプに使用する地下水に含まれる鉄分が酸化したものです。

「此地皆十月より雪降る、その深《ふかき》と浅《あさき》とは地勢による。猶末《なおすゑ》に論ぜり」(『北越雪譜《ほくえつせっぷ》』)

とあるように、季節風の影響で新潟県は冬の日々が長く特に長岡は年間降水量の50%が冬季に集中する雪国です。

消雪パイプは、全国有数の雪国を生き抜いてきたこの地の人々が生み出した、知恵の結晶です。

厳しい自然と共に数々の災害や戦禍を乗り越えてきた故に、強い精神性を宿した長岡の人々は独自の文化を形成して歴史を築き上げてきましたが、近年は、時代の潮流に乗ることを長年の課題としています。

新潟市と比較しても、人口流出、農工商業の成長差は大きく、永続的な都市発展の道筋を形成することが長岡市の一丁目一番地です。

現在の長岡駅は、政治家・田中角栄の「日本列島改造論」の下、大幅な改築を繰り返し1982年（昭和57）、上越新幹線開業と同時に東京と新潟県を繋《つな》ぐ停車駅としての役割を担いました。

この街のスケールよりも大規模に感じる駅舎の造りを眺めていると、田中は駅舎の建築時に、長岡市を新潟市と同程度もしくはそれ以上に発達した街にしたかったのではないだろうか、という思いがよぎってきます。

元々新潟市と長岡市は立地、自然、商工業などを見ても大きな差はなく、街が発達するための条件は双方とも同程度でした。

しかし、人口をとってみても、現在の新潟市の人口は約76万人。対して長岡市約25・6万人（令和6年7月1日現在）と大きく差があります。

当時の人たちは、長岡市はいずれ新潟市と互角になると考え、人口80万人を呼び込むために駅舎を造られたと想像します。

田中角栄は、誰も見向きもしなかった雪国の田舎に、多くのものを持ってきた政治家です。彼が新潟県にもたらした功績は大きく、住民の生活を大きく底上げし、他県に負けない発展都市を築きました。

現在よりも東京一極集中の波が激しく、新潟県からも東京への人口流出が懸念されていた当時、彼は地方へ富や人を分散させバランスを取りながら日本の発展を考えていたことは間違いありません。

長岡市内で生まれた私は、昭和40年代から50年代の大々的な都市開発を目の当たりにしながら少年時代を過ごしました。

駅前に続々と建築される大きな建物や商業施設。街は日毎に活気付き、新潟県は新潟、長岡の2つの中心となる街によって盛り上がっていることを肌で感じていたのです。

その中で長岡市が好景気の多大な恩恵を受けていたことは、前述した駅前の大規模開発を見ても一目瞭然です。

「長岡は突出して道路が綺麗《きれい》だ」

そういう声もあったほど、長岡市は田舎でありながら都市機能が充実していました。

日本経済は昭和から平成にかけ、世界第1位の強さを誇り、長岡もその恩恵を十分に受けていました。

しかし現在の長岡市はどうでしょうか。

大学進学のために上京し、東京、海外での勤務を経て戻ってきた長岡市は、時が止まったようでした。当時の勢いはなくなり、半世紀近く前に建てられたビルが、手入れも行き届かないまま古くなり、所在なくそのまま置かれているようです。テナントも少なく、駅前はビルを持て余しているかのように寂しい。

失われた30年がそのまま長岡市に存在し、今も進むことができないままここに残っていました。

長岡市が失ったもの

海外勤務を経て、久し振りに故郷に降り立った時、目にしたのは繋がりを失った長岡の姿でした。

学生時代はヨーロッパを訪れる機会が多かったのですが、地方はどこものどかで幸せに暮らしつつも、都市機能は時代に合わせて発展している印象がありました。

ヨーロッパに住んでいる方々は、住む土地の歴史や考え方に対して大変に尊敬の念を持っています。地方であればなおさら、その気持ちが強い印象がありました。

その土地にしかない風景や食事、伝統的な文化を愛し、都会では都会の暮らしを、田舎では田舎の暮らしを大切に守り続けています。

長岡は昔から人と人との繋がりを大切にしている土地です。

子どもの頃は隣近所と親戚のような距離感で付き合っていたものです。町内を歩けば必ず見知った人が挨拶をしてくれ、両親が仕事で留守をしている時は、隣の家で夕飯をご馳《ち》走《そう》になることは日常の風景でした。

夏になれば隣近所と誘い合って虫取りや海水浴に行き、秋になれば収穫した野菜や果物を分け合い、冬が訪れたら皆で協力して除雪作業をするような、人の温もりに包まれた日々を思い出します。

さらに街中は日々発展を遂げ、毎日のように道路が開通し、ビルが完成し、新しい時代への期待感に包まれていました。

しかし、数年ぶりに故郷に戻ってみれば、随分と人口減少が進み、昔と比べて活力がない状態になっていました。

半世紀近く前に建設されたビルは、十分なメンテナンスを施されていないせいか、随分と老朽化が進んでおり、完成当初の華やかな印象はすっかり失われていました。

日本を含め、世界中が技術産業の変革期にあたっています。

ＩＴやＡＩ技術の目まぐるしい発展により、私たちの生活は産業革命以降の劇的な変化を日々目の当たりにしています。

さらに、新型コロナウイルス感染症の流行時に生活様式は急速に変化し、国内はインバウンド効果もあり、多くの人が行き交い、仕事や遊びに力を注いでいることがわかります。

残念なことに、今の長岡は置いていかれている状況です。

元々長岡は観光でも経済でも、発展しうる要素がたくさんある場所ですが、誰にも気付かれず、時代の流れに取り残されているように思われます。

「先進国」だからこそ感じた不公平

かつて世界第1位を誇る経済大国であった日本の現在はどうでしょうか。停滞が続くドイツに抜かれ、経済成長率で予測を上回り続けるインドも2025年には日本を抜くことが予想されています。1ドル200円の日が来るといったことを予想する声もあります。

日本経済の低迷は無論長岡市に直結しています。

私が霞が関の官僚となり3年目の1994年、JICA（国際協力機構）の研修に参加しました。

参加者はアフリカ、アラブ、中南米など開発途上国の出身の方が大半を占めていました。

当時日本経済は世界第1位を誇っていたため、諸外国よりも日本は上という意識が当時の私にはありました。

しかし、彼らと過ごしていると、一人一人と日本人に大差はないことに気付きます。彼ら一人一人の能力は当時の先進諸国の人々と変わらず、さらに日本人が突出して優秀というわけではありませんでした。

むしろ開発途上国に住む彼らには信念があり、頭の回転も素晴らしく速く、英会話も流《りゅう》暢《ちょう》で、膨大な知識を持ち、人格者でした。

日本が当時経済大国として突出した地位を確立していたのは、「偶然」の要素が大きいのではと感じました。

アフリカやアラブは文化のレベルが高かったものの、国家の分断や民族同士の対立、石油をはじめとする天然資源の争奪など、貧困にならざるを得ない歴史的背景があったのです。

90年代初頭の日本では、世界の最先端を進んでいる最中で、街を歩けば最新の技術による製品があり、あらゆるものが自動化され、来日した人々が日進月歩の技術に驚嘆している光景を幾度も見ました。

ただ、当時「発展途上国」と言われていた国の方と話すと、経済的な貧しさはあれ、人格的・能力的には経済大国の人と劣ることは一切なく、素晴らしい力を持っていました。

たまたま日本に生まれたから――。幸運な偶然が重なって多くのチャンスをもらい、生活に困ることもなく進学や留学する機会に私は恵まれました。

しかしアフリカやアラブに目を向ければ、そこには紛争や内戦があり、どんなに優秀でも活躍する機会を失っている人たちがいます。

彼らと接するたびにその不公平感は増すばかりでした。

世界中の人たちが皆同じようにチャンスを持ち、どこに生まれようとも能力あるいは意欲がある人が幸せになるような社会であるべきではないのでしょうか。

アフリカで生まれた子どもであっても、あるいは太平洋、大西洋の小さな島で生まれたとしても、能力と意欲があればちゃんと成功できる世の中にしなければいけない。

豊かな国家の公務員として働くことで、多くの富が自分の国だけに集中する反面、経済的に貧しい人たちが増えていくことへの疑問はますます増していくばかりでした。

「世界中の人々が等しくチャンスを得ることができる世の中にしたい」

その考えに対して豊かな国の公務員でいることに心の奥底で矛盾を感じていました。

一方で、官僚としての責任が増していくのに合わせて、日本のため一点の曇りもなく全力で公務にあたっていました。

鉄の結束

バブル期、世界首位を誇る企業は大体日系企業でした。

経済界の存在感は大変なもので、商社、銀行があり、家電、電子部品、自動車を扱う製造業などは全て世界トップクラスの位置におり、日本の企業が全財界を押さえているような状態でした。

当時「政・官・財」には鉄の結束があり、商社だったら通商産業省（現・経済産業省）、金融だったら大蔵省などと、各省がそれぞれの企業と連携して情報交換を行っていました。企業は世界各国で得た最新情報を基に数十年先の世界を見据え、官僚はそれに応じて動き、政治も妨害をせず時には調整役を担っていました。

現在では批判の対象となる構図ですが、日本経済が世界と渡り合う地盤を形成していたように思います。

今やそれが完全に崩壊し、政・官・財はむしろ敵対関係とならざるを得ない状況になりました。

財と官は癒着を問われ、会食はもちろん、直接会って仕事をすることもできなくなりました。

当時は、商社や製造業の海外拠点に勤める人たちが「アメリカではシリコンバレーがこういうことをやってる」とか、「ヨーロッパはこういう政策をやろうとしてる」と見聞きすれば、その情報は即座に官に渡っていました。

官は民間の情報を基にして、ルールを改善し、政治家に伝え法改正を提案するような関係性、ある種のコミュニティが成立していました。

世界中の企業の情報が三者に行き渡っていたのです。

官僚の1日

官僚時代の私の1日は午前中に仕事をスタートし、昼間トイレ等で席を離れると、机の上に資料が積まれていて、その中から自分の仕事に関わる書類を見つけ出し、確認して次の部署へ送る、問題があればコメントをする、といった作業をし、夕方5時になると国会答弁に関わる質問内容が届き、その答弁の役割分担が始まります。

答弁内容が経済関連であれば当時の経済企画庁（現・内閣府）、大蔵省、通産省など、まずはそれぞれの官僚同士が交渉します。

答弁の担当が大蔵省に決定すれば、各局内で相談し、さらにその局のどこの課が担当するか調整が行われます。

そうして最終的な答弁担当が決まる頃には夜10時を回っていることもありました。

役割分担が決定するまで官僚たちは関係省庁で待機していなければならず、この空いている時間を日々民間企業との情報交換に費やしていました。

交流のある企業の人々と食事をしながら最新技術や各国の政策、時には人を紹介してもらいました。担当に「当たる」とまた職場に戻り、答弁を作成し、関係部署と調整し、了解をとり、ファクシミリで大臣秘書などに書類を送り、タクシーで帰宅します。

そして自宅でシャワーを浴びて着替え、そのまま朝の6時くらいに出勤し、大臣室に待機し、大臣の登庁と共に説明を行います。

時には国会答弁に出席し、資料を持参して大臣の後ろに控えていることもありました。

国会中継で目にする大臣とのメモのやり取りの背景にはこの一連の動きがありました。答弁担当に当たらない日は少しのんびりできますが、ほぼ連日終電まで職場に残らなければならない生活でした。

体力的にも厳しい日々を送っていましたが、皆体力があり、精力的でした。答弁担当を待つ夕方から午前0時にかけての時間は何よりも貴重な情報交換の機会でした。

食事をして語り合うことで仕事の垣根を越えて仲良くなり、人間同士の繋がりを築くことができましたので、本来であれば、お話ができないような方々と、何かわからないことや困ったことがあればすぐに電話をして相談できる関係になれました。

民間との信頼関係は深く頻繁にやり取りを重ねることができましたが、その後さまざまな事情が発生し、一切の交流が禁止になり、許可を得なければ会えないほど厳しくなっていきました。同級生との再会も禁止され、同窓会に出席する際には数週間前に申請書を提出し、人事課や秘書課からの許可が下りて初めて参加できるという始末。

情報は公開されているものをネットで集めて利用するようになっていきました。

時代遅れになった日本の省庁

こうして民間との繋がりは絶え、今やこれからの世界がどうなるかといくら考えても机上の空論でした。

欧米にも同じような規制はありますが、官僚幹部のポジションは民間からの公募制であり、基本的に政権が変わると人員がほとんどが入れ替わる仕組みになっています。民間で経験を積んだスタッフが入り、何年かするとまた民間に戻ることになるため、省庁でも新しい情報に触れることは可能ですが、日本にその新陳代謝はなく、外からの情報に疎い状態が続きました。

いくら民間に情報があったとしても、官には入ってこない。

政治家は、劣化した霞が関の機能を復活させなければなりませんが、対応できていない。

これが日本の現状ではないでしょうか。

民間の努力は目覚ましく、今も必死で戦い続けていますが、政と官のサポートが不十分ではないかと考えます。

官にとっても、民間の本音が聞きたくても接点がない。以前だったら食事をしながら、お互い本音を聞いたり言ったりしていましたが、昼に名刺交換をするだけの関係性しか築けないため、建前の話しかできなくなりました。

重要な仕事はどんな場面でも信頼関係が必要になります。

そもそも日本人が大切にしてきたものは社会的コミュニティの善意の表れでした。

政・官・財の繋がり、労働者と経営者の繋がり、そして何より人々の生活の繋がりの中には日本人が昔から大切にしてきた心が根底にありました。

支配としくみ

日本のコミュニティの消失と同じように、世界史にも教科書では語られていない崩壊の歴史は数多く存在します。

ヨーロッパが列強国となったのは18世紀の産業革命以降とされていますが、その産業の発端はアラブ諸国だった可能性があるとされています。第一次産業革命では蒸気機関の発明によって織物や食器などの大量生産が叶《かな》いましたが、根本的に蒸気機関だけでは複雑な工程を重ねる織物製品は完成しません。

織物製品を作る機械的な発想は、ローマやギリシア文化から発展したと言われていますが、元々はメソポタミアやエジプトなどのアラブが起源であり、彼《か》の地で芸術的感性、生産技術が生まれたとの説があります。

織物だけではなく、数学、建築学、天文学なども全て地中海沿いのアラブの人々によって生まれたものですが、ルネサンス期にヨーロッパからもたらされたように変換されてしまったように思います。

製造技術をもってしても、蒸気機関でイギリスが産業革命を起こしたように言われていますが、実際、産業革命の基になった考え方はアラブに存在していたとの説もあります。根源的な素養を持つアラブは長い年月列強に屈することなく戦い続け、世界最強と言われた十字軍も負け続けました。

しかし彼らは幾度も遠征を繰り返し、アラブを分断し、身内同士で戦わせることによって内側から弱体化させました。

今、日本も内側からの崩壊が進んでいます。

さらに、ＩＴ業界、金融、製薬会社、軍事産業、数え上げればキリがありませんが、世界中の巨大な力の源は強いアイデンティティです。その強いアイデンティティとこれからも戦っていかなければなりません。

そのためにはやはり日本は自身のコミュニティつまりアジア的な長所を壊してはいけません。

英国に留学中、あるイギリス人が教えてくださいました。大英帝国が世界の3分の1を支配できたのはローマ帝国の手法を利用したからとのことで、その手法がDivide and Rule（分割統治）であったとのことでした。

International Playerを目指して

英国留学から戻って2年目の１９９8年、英語もそこそこ話せるようになり、官僚の仕事にも慣れてきて、少し自信を付けていました。

その秋です。ニューヨークで、米国投資銀行大手ゴールドマンサックスのＣＦＯとお話をさせて頂く機会ができました。ニューヨーク領事がアテンドをしてくださり、１時間ほどでした。

先方は女性の方で、訪問者である私が若いことに驚いていましたが、私の方も40代前半の小柄な女性が有名な米国大手金融企業の幹部であることに驚きました。

さらに驚いたことは、その頭脳の回転の速さ、切れ、トークはまるでマシンガンのよう。こちらが1を言うと、１００先が読まれている感覚でした。しかもその一つ一つの回答が、大砲のような説得力、破壊力がありました。

ボクシングで言えば、動きはフェザー級ですが、パンチ力はヘビー級、少しでもパンチがかすればノックアウト。それが高速で複数飛んでくる感覚で、しかもにこやかな笑顔で打ってこられました。帰りに、疲れ果てた私に領事が声を掛けてくれました。

「お疲れ様。新聞の発表では、彼女の今年のボーナスは5百万ドルだから、今の1時間は高橋くんの1月分の基本給だから」

止めを刺されました。


この経験で、自分と世界トップとの差、どこが、どのくらい不足しているか知ることができました。それからおおよそ10年後、官僚として国内でも、海外でもさまざまな経験を積み、38歳で官僚を辞し、海外に挑戦することを決断します。

国際会計事務所ＫＰＭＧでの経験

国際会計事務所のＫＰＭＧに入り、米国事務所と中国事務所どちらか選ぶよう言われたところ、中国のヘッドの米国人から、

「今、中国では、サッカーのワールドカップと同じ状況、各国を代表する企業、人材が世界中から中国に集まって勝負をしている。自分を試したいのなら、アメリカでなく、今は中国」

と聞き、中国行きを決めました。

上海と北京で働き、日進月歩で発展していく国の様子を見てきました。偶然ではありますが、ＫＰＭＧ中国のヘッドの米国人は、元ゴールドマンサックスでした。

大学を卒業後、ゴールドマンサックスへ就職し、その後に国際会計事務所ＰｗＣに勤務。一旦退職してハーバード大ＭＢＡで2年間履修し、学位を取得しました。

卒業後、会計事務所Ｂｉｇ４の争奪戦となり、ＫＰＭＧを選んだという経歴でした。年齢は同世代で、もともと台湾系華僑のため、中国共産党の上の方にも繋がりがあり、中国の戦略・裏事情や、米国の事情を教えて頂きました。

彼は世界中から人材を集め、ＫＰＭＧを乗っ取るくらいの野心家でした。

実際、ロンドンから金融のトップを、オランダからＭ＆Ａのトップを集め、自分のドリームチームを作っていました。

仕事は、ほぼ1日に1回は飛行機で移動するようなハードなものでした。一方で移動先で打合せをしながら世界のトップクラスと協働することは、お互いに相手がどう言うか、自分に何を求められているか、一瞬で判断しながら会話を進め、クライアントの問題を瞬時に解決していく、楽しい経験になりました。中国に居住していても一度も万里の長城はじめ、観光名所は訪問できませんでしたが……。

スカウトから2年後、私に声をかけた彼はＫＰＭＧアメリカからクーデターを疑われＫ

PMGから追い出されます。

突然のことでしたが、KPMGアメリカの幹部が、彼にとって代わられる不安から、あらぬ事実をでっち上げ、彼が抜けざるを得ない状況に追い込んできたとのことでした。

KPMGアメリカの幹部とは、セミナー等で一緒に協働する機会が多かったことから、大変に親しく、まさかとの思いでした。彼からは、一緒にPwCへ移籍しないかと誘われましたが、他のチームメンバーと共にKPMGに残りました。


それからさらに1年ほど経ったとき、ある企業の天津工場で打合せをしていたところ、中国人スタッフが会議室に慌てて入ってきて、直ぐテレビを観るように告げてくれ、テレビをつけたところ、映画のような信じられない映像が流れていました。

東日本大震災の映像でした。

それから暫くして福島原発の事故の報道もされ、まるで日本がなくなるかのような報道がされていました。

丁度、以前にゴールドマンサックスでお会いしたＣＦＯの女性と同じくらいの年齢となり、日本で大蔵省の建物で働き、上海では中国の一等地の高層ビルの60階に個人のオフィスを与えて頂き（一面が窓のため、景色は絶景）、小さい頃に夢見たことが全て叶えられており、大震災を見て、ここは何かを返さなければと考え、日本に戻ることを決断しました。

そして長岡市へ戻ってきて抱いた印象は、まず活力のなさでした。バブル期にあれほどの勢いを持っていた街は活気をなくし、他の自治体の発展を傍観して時を過ごしているようでした。

東日本大震災から数年経過していましたが、私が帰国した当時はすでに日本経済は低迷しており、長岡はその影響を受けていました。

高齢者はじめ、育児はもちろん自分の生活もままならない人が増加していました。日本はもちろん、長岡市自体も決して恵まれた環境ではなくなっていました。

現在の長岡市には、能力に見合った職につけてない、給料がもらえてない、意欲があっても成果が出ない、という不自由さを抱えた人がいることをひしひしと感じます。

どんなに努力を重ねても、良いところは他の懐に入ってしまう。一生懸命働くけど利益は出ない。生まれ育った土地であるからこそ、その問題の深刻さは他人事にはできませんでした。

破壊されたあたたかいコミュニティ

長岡は昔から長閑《のどか》な田舎らしい関係性が染み付き、その安心感によって住んでいる人々の暮らしを守り続けてきました。卓越した経済的な豊かさはなくとも、相互に助け合う気持ちが引き継がれていました。私の幼少期は両親だけでなく、近所の人々のあたたかい愛情によって育まれました。

私の両親は共働きで、学校から帰って夕方1人で留守番をする機会がありました。そんな時、隣近所の人が「じゃあうちにちょっとおいで」と面倒を見てくれました。両親の帰宅を一緒に待つことができる気軽さで隣近所の人との付き合いがあったのです。

友人のところへ遊びに行った帰り道、夕暮れが深まり人恋しくなっても、途中のお店に入れば必ず迎え入れてくれました。

近くのお米屋さんは、私が怪我《けが》をしているところを見かけた際は、わざわざ近くの病院に車で連れていってくれました。お金には換えられない心の豊かさが長岡にはあり、絶大な安心感がありました。

しかし、久しぶりに戻った故郷のぬくもりは大きく破壊されていたのです。

染み付いた欧米的価値観の残酷さ

１９９０年代の日本の成長を、当時の欧米諸国が脅威とみなすことは想像に難くありません。その恐怖心は今でも彼らに残っています。それほど当時の日本の勢いは目覚ましいものがありました。

欧米諸国の彼らからしたら、日本はとても不思議な国に見えるようです。多くの人種が集まり、差別や貧富の差がある国では、経営者と労働者の区別がはっきりしています。労働者は給料をもらうために働き、経営者は利益を出すことが目的であり、両者は単純な利害関係で繋がっています。それぞれが会社のために頑張り、一緒に働いている仲間のために頑張るという概念は、日本に比べると希薄です。

それに対して、経済的に豊かだったバブルの頃でも、日本には「お客様のために」とか、「一緒に働いている仲間のために」という考えが根底にあり、その中で利益を生んでいました。これは欧米諸国にはない意識であり、何よりも強い武器でもありました。

当時、社内の皆で残業し、飲みに行ってコミュニケーションを取るなど、家族のような形で会社が運営されていました。さらに人々が暮らすコミュニティも同様に、単純にその場所に住んでいるのではなく、お互いに助け合って生きていました。


このような社会に負けることに欧米は危機感を抱いていたのでしょう。

しかしその後、欧米は自らの制度を日本に押し付け、働き方の見直しを引き起こし、それによって残業や季節の挨拶としての贈答品などを禁止する空気が入り込みます。2000年代になると、人との繋がりそのものを断つことが正義のようになり、昔から培われてきた日本の人間らしい関係性そのものが破壊されていきました。


欧米的な価値観により、小規模な個人経営の店舗は軒並み姿を消しました。物を大切にする習慣は、アメリカの大量消費社会に飲み込まれていきました。

私が過ごした幼少期のあたたかい長岡も同様に、昔ながらの商店街はシャッター通りに変わり、町内の交流行事も激減していったのです。

もちろん、欧米的な物質的豊かさの追求は大切ではありますが、本来の「豊かさ」を忘れては真の幸福は獲得できません。精神的な安心感、繋がりがなければ人は生きてはいけないのです。

「失敗したらクビ」という不安の声が国内に溢《あふ》れていますが、昔の日本人にそのような不安感はなかったように思います。解雇される心配はあまりなく、会社の中では皆仲間であり、家族であり、その中で一生懸命に生きていた印象がありました。

仕事が上手くできない人も一生懸命やれば評価され、一方で異端の人もいて、さまざまな人がいる中で安心感を持って仕事をしていました。能力はもちろんですが、それ以外の人間的魅力も大切に評価されていました。

残業も今と比べて多かったですが、苦労を乗り越えられる人との支え合いが社会にありました。

今ではあまり見られない光景ですが、土日になったら会社の仲間たちと旅行をしたり、町内会で運動会に行ったり花見に行ったりと、多くの繋がりの中で人生を過ごしてきました。

この精神的な繋がりが生きていく上での原動力であり、困難を乗り越えられる揺るぎない安心感だったと思います。

これまでの日本はそれぞれが、役割や繋がりを持って支え合ってきました。大岡越前ではないですが、政治家には弱い者に耳を傾け解決へ導く使命感が今よりも色濃くありました。困ったことがあると人々は彼らのところへ赴き、裁判では解決できない人間関係の苦しみなどを打ち明け、政治家が間に入って解決するという役割を担っており、欧米にはできない日本らしい人情を感じるコミュニティの良さがありました。

このような価値観は談合に直結すると批判を浴び、近年はすっかり失われていますが、人間の繋がりそのものを崩壊させることは果たして正しいことなのでしょうか。「孤独大国」と言われる今の日本社会の中では、コミュニティの復活が解決策の一つなのかもしれません。

資本主義の市場経済の競争も人間的なあたたかみがなければ活力は出てきません。社会的な豊かさの復活は、日本経済の復活に繋がるのではないかと考えます。

経済大国日本の敗因

先述したように、かつて日本経済は世界一の水準を誇り、私自身はその地位を築いた日本人は素晴らしく優秀な民族だと思い込んでいました。

それでも海外（とりわけ開発途上国）の人々と交流を持つと、「日本人が優秀だから目覚ましい経済成長を遂げた」という考えは幻想に過ぎないことを実感しました。

１９５０年に朝鮮戦争が勃発し、アメリカが共産圏と交戦すると、多くの資本や技術が日本に流れて戦後の大きな復興と発展に寄与しました。

それまで製造業においては欧米がテレビなどの家電製品を作る世界規模の工場を有しており、他の地域の国々は農業や資源採掘に頼らざるを得ない状況でした。資本はあったのかもしれませんが、技術は欧米が独占していました。それがなぜか日本にその技術を提供するようになります。

世界中の途上国は製造技術がないため、欧米から製品を輸入するしか手段がありませんでした。途上国で多くの食物や資源を生産しても、テレビなどの希少資源を使った商品を買わせることによって、欧米に利益が移る仕組みになっていました。

本来であれば、純粋な好意で門外不出である自国の技術を決して日本に教えたりはせず、そこには何らかの政治的意図が働いていたのかもしれません。

テレビ、冷蔵庫、自動車は、長い間欧米地域でのみ製造され、アジアでは唯一日本に工場があるという状態でした。

苦労して苦労して穀物を作っても、製造業つまり自動車1台を欧米が売ることで途上国の穀物で稼いだ利益が搾取される構造になっていました。

仮に何らかの政治的要因があったとしても、かつて日本が摑《つか》んでいた自動生産技術は、今や世界中の工場に広がっています。欧米や日本が技術を独占していた状態であったにもかかわらず、日本は素直にその獲得した技術を、自動化設備として、中国、台湾、韓国、シンガポールをはじめとしたアジア全域に広めてしまい、結果的に価格競争の波に襲われ利益を生み出すことができなくなってしまいました。

いくら製造技術が高くとも世界中で同じ製品が作れてしまえば、利益は減少し、日本全体の景気が落ち込むことになります。

かたやアメリカは製造ではなく金融あるいはＩＴサービスに着目し、新たな形で世界から搾取し続けています。

しかし、以前と違いこの技術が日本に譲られる機会は訪れず、日本は独自の生命線を考えなければいけない瀬戸際に立たされているにもかかわらず、現在もその糸口は見えていません。

外国に搾り取られる私たち

今や日常で使う手元のスマートフォンやパソコンを使うたびに料金を支払い、我々日本人が搾取される側に立たされています。

金融市場で運用しようと思えば、最終的には情報の操作や創造の得意な欧米に利益が搾り取られます。

医療も同様です。新型コロナウイルス感染症が流行した数年前、どんどんとワクチンを人々に打っていた記憶は新しいです。

海外で働いている際、環境団体が海岸に打ち上げられたウミガメのお腹からプラスチックが出てくる映像を拡散し、環境保護、プラスチックの使用制限を訴えていました。

知り合いの話では、アメリカの大手化学メーカーが大金を団体に献金して行わせているとのことでした。

一般のプラスチック製品では中国のメーカーに負け、より生分解性等の自然に優しい高級プラスチックを普及させるための仕掛けのようです。

もちろん、環境団体の方々は純粋に活動をされていますが、そうした環境団体をハリウッドのスターのように活用して、マーケティングを行う海外企業に驚き、世の中を見る正しい眼を持つ必要を感じました。

安心できる場所が復活への糸口

全国と同様に長岡の人々も、昔と同じように努力して懸命に働いています。農家の方は農作物を、工場の人たちは製品を、相変わらず一生懸命作っているのに利益が出ても搾取されてしまう。治療のために購入した薬も、ゲームや動画視聴にかかる利益も全て搾取されている構図になっています。

理不尽なしくみを全て止めることは、私たちの生活自体を危うくしますが、見直し、過剰で理不尽な構造を崩していかなければなりません。

崩すためには、日本独自のコミュニティを取り戻すことが必須です。現代の消費は繋がりをなくした人々の孤独を埋めるためにあると考えます。

スマートフォンを見るのではなく、人と話す時間が不安を取り除き安心感のある生活を取り戻します。

ストレスは不安から来ます。安心できる居場所、つまりコミュニティの存在を大切にすることによって人は本来の健康を取り戻します。食事にしても同様です。利益重視の食材が健康な体を作るのではありません。一緒に食べる人がいて、初めて美味《おい》しく感じ、食べ物は栄養となります。社会に参加して、絶えず会話をしていれば、場合によっては認知症リスクも下がります。

人々が支え合う安心できる場所があり、昔からあるコミュニティを取り戻すことが、商業主義の搾取から逃れるための糸口になるのではないでしょうか。

経済的幸福を追求する

人々の生活に必要なものは社会的幸福と経済的幸福です。

前者はコミュニティの復活によって安心を得ることができます。

そして、理不尽なしくみから逃れるだけではなく、経済的にも勝っていく力が必要です。

そのためにはやはり若い世代の人々が大きな力になります。若者の存在があってこそ、街は活気付きます。これは長岡市だけの問題ではありませんが、若者が暮らすためには「働きたい」と思う雇用条件の良さが必須です。

経済的幸福度を満たすためには大きな企業に来てもらい、働く場所を提供してもらう必要があります。

安定した賃金があって経済的幸福は成立します。

経済的な豊かさと社会的な豊かさのバランスが大切なのです。

今から十数年前、世界は自国のトップ大学（米国ではハーバード大、ＭＩＴ、スタンフォードなど。イギリスではオックスフォード大、ケンブリッジ大、中国では精華大、北京大、復旦大など）に投資を集中させていました。

十数年先、各国で高齢化が進み、社会負担が増していく中、技術の革新が起きる。そこで勝つ国がその後に生き残る、その分岐点となるのが十数年先とのことでした。

十数年先に国をリードするのは、そのときの30代前半で、現在の大学生、よって自国のトップ大学に集中的にお金を投下するとの考えでした。

実際の当時の政策が正しかったか否かは、現在の日本と外国との国際競争力の差によって考えて頂ければよいですが、当時の日本では、残念ながらそうした集中投資はされていなかったように考えます。

トップ大学に投資することのみが重要というわけではありませんが、どの分野でもそうした選択と集中をする勇気、決断、実行力が重要であると考えます。

地の利を活かせない現状

長岡市は新潟県の中央に位置し、新潟県内のどこに行くにしても長岡駅を通らなければなりません。地図で見ると西側に佐渡海峡、東側に越後山脈、そして中央に日本一長い信濃川が通り、街は駅を囲むように発展していきました。

人口76万人の新潟市と比べ人口26万人の長岡市は、閑散とした印象ですが、東京から長岡まで新幹線で1時間半程度という地理的条件を考えれば長岡は都市としての素晴らしい可能性を秘めています。

風光明媚《ふうこうめいび》な寺泊港はじめ、海のもの山のものと地元の産物に恵まれ、ゴルフ場も新幹線の駅から日本一近いアクセスの良さを誇っており、気軽に東京から訪れ、日帰りでも十分に楽しむことができます。

スポーツ用品メーカー「ヨネックス」創業の地でもあり、市内にも工場を構え毎年6月に新潟県内でヨネックスレディスゴルフトーナメントを開催しています。

また、2輪車用メータやヘッドアップディスプレイの世界シェア首位を誇る日本精機も本社を市内に置きます。

こうした企業に関係する外国人は長岡を多く訪れますが、ビジネスとしての側面が色濃く、その認知度は国内ではあまり高くありません。また観光や産業の重要拠点であるにもかかわらず、宿泊施設が足りていない状況です。

長岡は郊外に商業施設が集中し、駅周辺は閑散としています。郊外といっても車で15分程度なので、車社会の新潟県では電車よりも断然自家用車を利用します。駅周辺の駐車場の少なさもあり、人の流れは郊外へ向かっているのです。

信濃川沿いの整備も新潟市と比較すると進んでおらず、宅地開発も遅々としているため、移住政策が捗らない要因の一つになっています。

天然ガスや石油資源がある越路地域も長岡の未来を握る重要エリアです。

国内の天然ガスの最大拠点はここ長岡にあり、大手エネルギー開発企業であるＩＮＰＥＸの巨大プラントが越路で稼働しています。

コシヒカリ、巾着なす、梨なす、糸うり、西瓜などは高級食材として国内外で多く売られているものの、流通の段階で搾取され利益が少ない状況です。利益が少なければ若い世代の働き手は現れず、後継者不足に陥っています。

利益が出れば若者の作り手も増えますが、現状、農家の人手不足は深刻化の一途を辿《たど》り兼業でも農業以外の仕事で得る収入がメインになります。

首都圏で散髪をした際、長岡から来たと伝えたところ、伊豆長岡かと聞かれました。新潟県と応じると、認知度は新潟市、越後湯沢、燕三条よりも下でした。

規制緩和が新しいインフラの要

新潟のインフラが急速に進んだ昭和から平成初期は、国や市など公共団体が主導で整備しても人が集まっていました。田中角栄は駅をどんと建てて人を集め、線路をぽんと引いて人や物を集め、街を発展させていきました。

長岡の都市機能はハードの面ではある程度の水準に達していますが、ただ闇雲に箱物を作るだけで人が街に集まる時代は遥《はる》か昔に終わっています。

新潟空港と長岡駅を繋ぐ路線が必要であれば規制緩和をし、駅前に大きな駐車場が必要であれば地権者と交渉し、働き場所が必要であれば農地を提供できるようにすることが必要です。

人や企業の願いを聞き入れる柔軟性は非常に合理的で、継続的な長岡の発展を救う手立てになり、これまでの搾取構造から抜け出し、地場産業との直接的な取引と雇用を創出することが可能になります。

欧米の社会は、基本ダブルスタンダードです。オモテで綺麗ごとを言っても、実際のしくみは違っていたりします。日本人は真面目でダブルスタンダードはありません。規則が決まれば、役人はそれを正しく運用します。世の中の理不尽を生んでいる規制を緩和し、一方で新しいルール違反を防止する規制はきっちり設定していくことが重要です。

良い場所にいるという自覚

長岡の現状を打破するために必要なことは、まずは私たち住民が「良い場所」にいるということを実感しなければなりません。高品質の米ができ、野菜ができ、果物ができ、それを供給していることを認識し、交渉して利益を生むことが必要です。

長岡の人々は優しい。無欲です。

素晴らしい人間性を備えていますが、その価値を自覚し、ブランド化していくことに謙虚すぎていたきらいがあります。

自信を持って、搾取されない独自の流通を辿っていく道を模索すべきでしょう。

豊かになるチャンスはたくさんあります。経済的豊かさと社会的コミュニティで得られる安心感のバランスこそが重要です。長岡の伝統と文化はここから復活し、新たなスタートとなります。自治体の将来を決定するのは、食料自給とエネルギー自給と考えます。両方の供給ができる長岡市の未来は明るいです。

忘れられた町を救え

市町村合併がなされてから、各自治体同様に長岡でも本庁・支所機能の見直しが進んでいます。建前として「人口減少に伴う税収減を踏まえて、市職員数の適正化や業務の効率化を一層図る」としていますが、実際は長岡中心街の拠点に機能が偏る状況になり、海岸沿いや山間部地域への行政サービスが明らかに疎かになっているように思われます。

さらに先述したように地元企業に利益が入らない状況が続き、若者がどんどん長岡から離れていっています。地域の業者の育成と健全性の確保には一刻も早い対応が必要です。過去の災害も含め、雪国の長岡では建設業者の存在は大きな頼みではありますが、現在若者離れによる深刻な高齢化が進んでいます。

住民に行政サービスが届かない状況下、長岡の箱物行政は一体何をもたらしたのでしょうか。

本庁・支所の拠点見直しで効率化を謳いながらも地域振興は空回りしているように思われます。

「コンパクトシティ」という言葉に惑わされ、市の中心にばかり意識が偏ってしまっては、広い長岡市の人々の生活を汲《く》み取ることは不可能です。

災害時迅速対応できる体制は整っているのか。

地域の業者の育成強化は図れているのか。

行政は透明化しているのか。

支所地域の特色をそれぞれに発揮させ、それぞれが輝くように、まず地域ごとの自治の意識を高めてもらい、それぞれが共生する意識で豊かな生活を実現させる。市はこれを全面的に支援し、各地域が輝くことで長岡市全体はより発展していくべきでしょう。

再生のための青写真

長岡の再生のためには経済の拡大が何よりも大きな課題です。深刻化する人口減少に歯止めをかけるには経済の活性化が不可欠です。仕事や安心した暮らしがあるところに人は集まります。

長岡の人々が大切にしてきた伝統や文化、芸術を引き継ぎ、誰もが安心して暮らせるコミュニティを築くことが必要です。異なる文化や多様な価値観に寛容になることで人々は繋がっていきます。若年層が魅力を感じる多様な消費を増やすことで経済は拡大し、若者は街に戻り、世代を超えた繋がりを持った地域になるでしょう。

さらに民間企業への支援を拡充し、長岡を支え続けている産業、特に建設業やエネルギー事業者などの地場産業の振興は雇用創出を促し、人手不足の解消に繋がります。

こうして得られていく税金は、消費不足の解消でもなく、箱物行政のレガシー作りでもなく、長岡の人々の将来への投資に回すことができます。

これは誰もが将来に対して安心できる社会、セーフティネット（困っている方々を自治体、地域ぐるみで助け合う仕組み）の充実を意味します。


将来への安心感により、皆が必要なモノ、サービスを消費し、自身の夢の実現に向かって挑戦することができるのです。


経済が拡大する循環に入ると、外から企業、ヒトが入ってきます。

これは、技術、お金、情報がさらに潤沢になることを意味します。大切なのは、そうして入ってきた企業、ヒトに定着してもらうことです。

それには求められる水準の教育、医療サービス等の生活環境の提供が必要となります。

多様な価値観、寛容な社会の仕組みを皆で作り上げていかなければなりません。

壊されたものの再構築。

これこそ今私たちが取るべき対抗手段だと考えます。

さらに日本全体で一度に行うのではなく、地方がそれぞれ主体となって戻していくことが重要です。これまで外から押し付けられてきた経済優先市場を脱するために、やはり日本の伝統つまり確固たる日本人としての意思を取り戻していかなければなりません。


1つの地域が再生するとその隣も変わっていく。

そうして各々の土地で生まれ変わっていくことで失われた技術、産業、意識を取り戻し、今後の日本が世界と渡り合える力を取り戻していくのではないだろうか。

私たちに必要なのは惑わされず、私たちの産業を守り、世界と対峙《たいじ》していくことです。

世界は強いものが生き残るわけではありません。柔軟に変化できるものが生き残ります。

第二部

再生への青写真

第一の柱　人口問題への対応

私が目指しているのは、一言でいうと、長岡を、親も、子も、孫も、一緒に豊かな人生を送れるようなまちにすることです。

そのための具体的な政策は次の四つの柱からなります。

一つ目は、人口問題への対応、二つ目は、民間活力を活用した確実な経済成長、三つ目は、子どもたちの未来への投資、四つ目は、自然環境との共存・地域における共生です。

長岡市は、住んでいる人々の生きる権利が守られる、優しくあたたかいまちにすることで、好感度の高い、誰もが暮らしたくなるまち（一言でいえば、人々を吸い寄せることのできるまち）です。

長岡市の人口は、約25万６千人（２０２４年7月1日現在）で、ここ10年で約２万人減少しており、最近では毎月約２００人の人口が減っています。これから10年の間で、まずこの人口減少の流れを止めて25万人の人口規模を維持し、さらに、人口増加へと反転させていくべきでしょう。

出生数を増やす

長岡市の令和4年の出生数は、1439人で、5年前と比較して2割ほど減少しています。

地方都市の少子化対策としては、15歳～45歳までの出産可能年齢の女性に如何に地元に留まってもらえるかです。次に、そうした女性の方々にとって、婚姻という人生の選択肢が如何に魅力的なものとなるか、その際、結婚相手が如何に安定した職業についているかが重要となります。

さらに、結婚をしている夫婦にとっての子育ての負担を如何に軽減し、子育てを楽しいと思ってもらえるかを考えていかなければなりません。

出産可能年齢の女性に地元に留まってもらえるため、女性が、出産の際に職場を離れることとなっても、本人のキャリアに影響の少ない職業の選択を支援すべきでしょう。

例えば、私の家業である税務、会計の仕事では、国内外で多くの女性が、子供を育てながら活躍しており、海外ではそうした女性がトップについています。

こうした士業をはじめ資格を有すること、あるいはそうした業種の補助の仕事につくことは、専門性が磨かれ、社会的な評価も得られ、出産のため、一旦仕事を離れても、本人のキャリアへの負の影響が少なく、比較的ゆとりをもった人生設計も可能となり、また自分の能力を試したい方々や挑戦したい方々は、長岡と首都圏との距離の優位性を活かし、長岡に居ながら、日本全国、世界に対してサービスを提供することもできます。

女性が専門家を目指し、安定したキャリアを重ねることをさらに支援していくべきでしょう。

結婚相手の職業については、今の新潟県では、その女性たちの結婚相手となる男性の優良就職先が激変しています。

地銀の第四銀行と北越銀行の合併によって、それぞれそれまでおよそ５００支店ずつの支店を構えていた銀行の支店が半減してしまいました。他にも学校の教員も20年前と比べて小学校は約１８０校減少し、中学校は約20校減っており、先行きの明るい職業ではなくなってきています。

人気のあるマスコミ関係も採用状況は厳しくなり、新潟県の一般行政職の大卒採用定員は55人程です。


少子化問題の解決にとって重要なことの一つは、長岡市に魅力溢れる職場を創り出すことです。

その際にも首都圏との繋がりを活用した新産業の育成が重要と考えます。

子育ての負担軽減に関しては、地域コミュニティの回復を目指します。子どもは地域の宝であり、地域の皆で育てていくべきではないでしょうか。


地域で定年を迎えた子育て経験の豊富な層に、積極的に地域の子育てに参加して頂き、そうした層の方々の社会参加を可能とすると共に、子育て世代が、自分の仕事に集中できる環境を提供していくべきでしょう。

健康で長生きできる社会

高齢者の方々には、健康で長寿を全うできる環境が必要です。全ての人々が長岡市民でよかった、長岡に住めてよかったと思えるコミュニティ創りを支援すべきだと思っています。

現在は「高齢化社会」と言われていますが、医療等の技術の発展等により人間の寿命が長くなることの移行期にあり、いずれは安定的な人口構成になると予測されています。日本の高齢化率（65歳以上の人口比率）は、今後35％～40％ほどで安定するとの見方もあり、社会のさまざまな制度の再考が必要です。長岡市は、この将来の新しい人口構成を踏まえた制度設計に他に先駆けて取り組んでいかなくてはなりません。

高齢者には、できるだけ健康で長生きをして頂きたいですし、そのための健康な食事の提供、社会参加の機会や、移動手段の提供を行っていくべきです。

食料の供給能力に優れた長岡では、日本人の身体にあった安全な食事の提供が可能です。健康な食事を提供することで、長期の病気や、認知症を防ぐことができ、豊かで、健康な老後を実現できます。またそれにより社会的負担も軽減できます。

さらに、高齢者に社会に混ざり合って頂けるよう、学び、スポーツ、文化芸術活動を行う機会を提供して、同世代との交流と共に若い世代とともに活動し、社会に参加して頂きたいです。若い方々へ知識や経験を伝えて頂き、特にコミュニティによる子育て支援にも積極的に参加頂きたいと考えています。

高齢者の移動手段として、今後は自動運転の導入がカギと考え、レベル4の実現に積極的に取り組むべきではないかと考えます。一方で、高齢者の移動の必要をできるだけ減らすため、身近なコミュニティ・センター等で、定期的な食品を含めた生活必需品が購入でき、遠隔医療の指導を受けられ、体調管理のためのマッサージ等も受けられる、さらには学びや文化活動のための施設も充実させます。

市外から長岡への転入増

令和４年、県内から長岡市への転入者は３０５５人、県外から長岡市への転入者は３３７８人でした。一方で、長岡市から県内への転出者は２７７９人、長岡市から県外への転出者は４０７３人となっていました。20～24歳の県外への転出者は１３１７人と、毎年、多くの若者が就職等のため、長岡市から県外へ転出しています。

人口減少を止めるためには、若者が県外に出なくても、長岡市内で、自分の能力が十分に発揮でき、成長が実感できる仕事を創出すること、また、子育て世代や、これから定年を迎える世代のＵターン、Ｉターン先として長岡市を選んで頂くことと考えます。

子育て世代のＵターン、Ｉターンについて、農業が武器である長岡市の特色を活かし、安全で子供の成長によい給食を提供すると共に、特色ある教育、課外活動等（第三の柱で説明）を提供し、かつ、生活費の低減（第四の柱で説明）により、子育て世代のＵターン、Ｉターンを促進すべきでしょう。

特に、長岡市内でも子供の減少の著しい地域へのＵターン、Ｉターンについては、空き家を市で補修して、移住してくださる子育て世代への無償化が必要です。

これから定年を迎える世代に対しては、セカンドライフにおける収入源の提供、コミュニティ参加、高齢者となった時の施設等の状況を、積極的に広報・宣伝し、健康で豊かな長生きができることを伝えていくべきです。

長岡市は首都圏他へのアクセスに優れ、長岡市に住みながら都会にいた際のさまざまな余暇が、容易に楽しめることを内外に発信していかなければなりません。

この世代が戻ってくることで、彼らの持つビジネス等の経験・知識、パイプを長岡市内の産業が活用できると共に、人手不足の解決手段となります。

また、若者、子育て世代、定年世代が、長岡市に来ることにより、首都圏の人口集中が緩和され、さらに、子供を産んだり、育てたりが難しい合計特殊出生率が1をきる都会から1・2を超える新潟県への人口の流入で、結果的に長岡市の人口の減少を抑えると共に、日本全体の人口問題の対応に貢献でき、バランスの取れた日本の発展に貢献できるでしょう。

長岡から市外へ移り住んだ人が帰りたいと思った時に戻りやすいよう体制を整えることに力を注ぐべきでしょう。

少なくとも今、長岡で育った子供たちは学校を卒業すると皆さん県外へ出ます。私はむしろ若いうちは東京に行ってもいいし、海外に行ってもいいと思います。外の世界でたくさんの経験を積んで成長して欲しいです。

むしろ私たちは、自分の夢や目標を持った若者を応援しなければなりません。とことん挑戦し、経験し、多くの出会いを重ね、自分のやりたいことを実現すべきでしょう。

挑戦する人も支援していくべきだと思います。一方で、外に出たけどうまくいかなかった方も大勢いらっしゃいます。その時、故郷にいつでも戻ってきて、何度でも次の挑戦への応援を惜しまないまちにしたいです。

若者だけではなく、これから定年退職を迎える世代も、セカンドライフとして再就職先を見つけられるように支援すべきです。これは市内外問わずに挑戦する人を応援する体制であることが重要です。

例えば、退職後に農業を始める方は結構いらっしゃいます。

農家の方に指導してもらいながら、首都圏の退職者に戻ってきて頂き農業を行って頂くのも一案です。長岡市は田んぼが多いので、そういった環境は十分に整っています。

長岡市の課題

田中角栄は「日本列島改造計画」に何を思っていたのでしょうか。

彼が政治家として手腕を振るっていた時代は、駅や道路、学校などの施設を国や市町村などの公共団体が主導になって作り、ハード面を整えてきました。

当時は戦後の混乱がようやく落ち着き、国民の暮らしにゆとりが出た頃でした。国民所得と国民総生産は格段に上がり、洗濯機やテレビが家の中に置かれ、自家用車を購入する家庭が増え、人々は家族と過ごす時間に豊かさを求めるようになります。

一方、住環境は快適とは言い難い状態でした。車社会の発達による事故の倍増、公害が問題視され、住宅街に大型トラックが通るような道路事情と流通経路を改善する必要性に

なくされます。

迫られていました。
大都市の東京と大阪でも道路が足りず、渋滞で排気ガスが充満した中での暮らしを余儀なくされます。

地方は戦前と変わらぬ状態であり、山や海で集落ごとの移動は困難を極め、整備されていない道を子どもたちが命懸けで学校に通う日々が続いていました。
戦後約20年、貿易収支は黒字が定着し好景気が続き、社会保障はヨーロッパ並みに制度化されましたが、家族が安心して暮らす状態には未発達な部分が多かったのです。

田中角栄はじめ当時の政治家たちは「生命を保持していくためには、生活環境を良くしていかなければならない」と、社会環境を徹底的に整備することに注力しました。
都市と都市を道路や線路で結び人や物を移動しやすくし、公共施設や商業施設が建設されると、人々は快適な生活を夢見てその街に集まってくるようになりました。

巨大で美しい建築物は、豊かな時代の象徴であり、戦後の混乱を乗り越えた人々の再起の証であったのです。

しかし、現代では「箱」があるから人が集まるわけではありません。さらに都市部のソフトの部分に魅力や安心感を持たせることで人は集まってくれます。人々が求めているものを手助けすることこそ、現代の行政のあり方ではないでしょうか。

人が住むために必要な仕事や教育の場を充実させていく。安心感があるところに人は留まります。人が集まってきたらスーパーなどの商業施設が必要になります。その時建設しやすいように行政は規制緩和をする、あるいは、地権者と交渉し、土地をまとめて売買できるように進めていくべきです。

生活に必要なものは、その土地で暮らしていなければ見えてこないことが多いです。どんな人と暮らし、どんな仕事をし、家族がどんな表情になっていくのか。人が集まることによって新たに生まれてくる価値観もあります。

企業誘致にしても、反対する方は必ずいらっしゃいます。

一部の経営者にしてみれば賃金が上がってしまうという考えがあるでしょうが、これまで市外へ働き場所を求めてきた若者が留まり、また遠隔地にあった世界と戦う売り先が身近になることで生産・流通含め長岡市内でできるようになります。むしろ効率は良くなり、利益も出て賃金の問題は払拭されるでしょう。産業が市内で回っていれば、賃金が上がり、職が安定すれば、人の流出も防ぐことができますし、外からも移住してこられる方が増えることになります。人を引き寄せる力が増します。

第二の柱　民間活力で確実な経済成長

地図の上で長岡市を見ると、新潟県の中央に位置し、中央南北に信濃川が流れ、北西の寺泊地域は海に面する港を有し、栃尾、小国、山古志といった山間地域もあります。長岡駅から東京駅まで新幹線で1時間半、大宮駅までだと1時間ちょっと、また関西圏へも鉄道が繋がっています。

近隣の山形県、福島県、群馬県、長野県、富山県には、高速道路を利用すると1時間半ほどで到達します。地理的には非常に恵まれています。

市民の気質は、勤勉、倹約で、雪国に暮らす忍耐強さがあり、長岡技術科学大学をはじめ四大学一高専には全国から科学、技術、工学、数学はじめさまざまな分野に優れた学生が集まります。

産業面では、世界で活躍する大企業があり、また特殊な技術を有する中堅・中小企業の城下町があり、地方銀行もあります。国の基である農業、米、野菜、果物、お肉の供給地であり、漁業も盛んです。世界に誇る錦鯉産業もあります。

さらに、天然ガス等のエネルギーの供給元でもあります。令和2年度県の推計によると、長岡市の経済規模ＧＤＰ（市内総生産）は、１兆８４４億円で、１人当たり所得は２８０万３千円です。

公式データを基にした民間の推計によると、長岡市の一人当たりの粗付加価値額は１０２３・６万円（令和３年）で、対全国比69・６％、新潟市と比較しても14％下回っています（新潟市の一人当たり粗付加価値額は１１８７・９万円［令和３年］）。長岡市の各種優位性を考慮すると、それらが十分に活かしきれていないといえます。

長岡市は、その優位さをしっかり活用し、稼ぎ方をもう一度思い出し、さらに既存の理不尽なしくみを打ち破れば、もっと豊かになるでしょう。

次の10年間で実質所得を１・３倍に増やすことも夢ではありません。

産業振興の可能性

令和3年における長岡市の最も粗付加価値額が大きい業種は、生産用機械器具製造業の591・2億円（製造業全体の23・1%）、次いで大きいのは、業務用機械器具製造業459・6億円（17・9%）、食料品製造業331・5億円（12・9%）、金属製品製造業185・5億円（7・2%）、電気機械器具製造業178・7億円（7・0%）、電子部品・デバイス・電子回路製造業130・2億円（5・1%）、鉄鋼業103・4億円（4・0%）。となっています。

地場産業の振興、既存企業に関しては、売り先の範囲を拡大し、需給の偏在を利用、ネットを活用、流通・販売ルートの開拓により、より高い対価で製品・サービスを販売していくことに努めます。特に、特徴ある技術やIPを有する起業に対しては、それに見合った利益が得られるよう、製品・サービスの国内外企業への紹介を、市が協働して行っていくことが大切です。

また、各業界の未来が話し合われているエリアの情報収集も重要です。製品開発の将来像を十分把握しながら経営戦略を決めていく必要があります。異業種との協働や、産学の協働、官はそれを下支えしていかなければなりません。

さらに、モノを売るのでなく、今後はコトを売るとの視点で、事業モデルの再構築を図っていき、それぞれの企業が稼ぐ力を回復する必要があります。海外で勝負する際には、日本企業は、長めの開発期間の製品、顧客との長期的な関係構築に優位性があり、そうした視点で事業の絞り込みを行うことも一つの戦略です。長岡市では、そうした経験の不足している企業に、事業構築を支援していくべきでしょう。

長岡市内の企業は力があるにもかかわらず、適正な利益を確保できていないこの仕組みの改善に、官も協力して取り組まなければなりません。

「所有から利用」の時代であり、新規参入のコストは各業界で下がっていることから、挑戦する若者の事業参入に、障害となるしくみを緩和していくことも重要であり、それが長岡市の復活の鍵となります。

これからの長岡市は、挑戦を恐れず全力で自己実現する人を支援していくべきです。

特に現在の世界の経済では30代前半の若者が活躍しており、若い世代の発想力、活力をさらに支援していかなければなりません。上の世代はその経験・知識を活かし、そうした若い世代が力を発揮することができるための構築に貢献していきたいです。

企業戦略の再定義

長岡市の経済が復活するためには、マクロレベルのしくみの変更だけでなく、各企業の内部の意識変化が、適正に推進されていく必要があります。

付加価値を生み、競争力を確保するには、まず経営層が5年後、10年後の産業構造変化に対するビジョンを持つ必要があります。

次に、バリューチェーンのどこで勝負するか、スマイルカーブの上流（設計・デザイン）、下流（EC販売・サービス）への転換は重要です。また、他社とのエコシステム・共創（他社とのオープンイノベーション）も無視できない課題です。

そうした中で、経営層は管理者でなく、意思決定者（米国のCEO就任年齢は平均46・8歳、在任期間13・4年間）であるとの意識と、経営層の高い目標設定は基本となります。

社員に関しては課題解決型人材・デジタル人材の確保・育成、組織についてはアジャイル（Agile）開発・組織（トライ→テスト、スピード重視）の推進が必要です。

公部門の役割は、政策の調整・説明とそれを実行するリーダーシップ、透明性を高めるための積極的な情報公開、不必要な規制の緩和とその反対にルール違反を取り締まる規制の準備となります。

産学協働の一層の推進

長岡市には四大学一高専があり、それらとの一層の連携はもとより、国内外の連携を強化し、長岡市は国際競争力を上げていかなければなりません。

ここで幾つかの長岡市の新産業の種を紹介します。

長岡市は降雪量の多い町です。令和5年では累積降雪量は233cmですが、例年では500cm前後の降雪があります。

雪室は、寒冷期の降雪を保管し、雪冷熱エネルギーを冷熱源として貯蔵し、温暖期の施設冷房や物品冷蔵保存のエネルギーとする技術です。

雪室では、年間通じて温度をゼロまで下げることが可能で、食料や医薬品の保存に便利です。災害等で電気が止まっても低温を維持できるため、災害対策にも役立ちます。さらに、AI活用等によるサーバーの冷却のための電力消費量の一層の増加が見込まれており、自然への負担なく冷却を行う雪室への高い評価が期待され、利雪に徹した「まちづくり」の推進が求められています。

ウクライナ侵略やコロナ禍でのサプライチェーンの見直しなどを考えると希少金属の国内調達が課題となっています。金、銀、銅等の金属は、東京オリンピックの金・銀・銅メダル作成の実証実験で使い古した携帯やパソコンなどの基盤から得られることが立証されています。

長岡市は鉄路上越線と信越線で関東圏・関西圏と結ばれているので、こうした都市鉱山開発の拠点都市を目指すのに好適地です。

また、鯉の養殖で培われたノウハウを活かして最近成功したウナギの完全養殖や好適環境水を利用した高級魚（ヒラメや鯛等）の養殖業を中山間地域で実施し、その活性化を図ってゆくことが可能です。

さらに、信濃川流域におけるドローンの利用についても検討の余地があります。信濃川を下っていくと大河津分水にあたり、そこから寺泊のほうに分かれていきます。寺泊港を出て、そこから真っ直ぐ飛ばすと佐渡島へ行き着きます。

佐渡から寺泊へ行ってもいいし、魚沼へ行くこともできます。川でつながっているので、信濃川全て輸送路になります。

近い将来、人を乗せるドローンができるはずですので、直接長岡市から佐渡へ行くことが可能になる日が来るかもしれません。人はもちろん物も運べますから、川沿いで物流を発展させる可能性は大いにあります。寺泊から佐渡まで25キロ程度の距離ですから、近くに位置しており、ドローンも飛べない距離ではないです。佐渡の名物、名産品をドローンで運び、人も移動しやすくなる。寺泊から大きな変化が期待できます。

ドローン物流のメリットは、移動時の摩擦がないので迅速に運搬でき、さらに事故による人的被害を最小限に抑えられるところです。長岡には、長岡技術科学大学や長岡高専がありますから、ロボット開発に明るい人材育成には十分な受け皿になります。長岡高専はロボットコンテスト2023でも入賞し、大変に優秀な生徒が多く、10年後、20年後に勉強し経験を積まれた方が長岡に戻ってきて、長岡の発展の担い手になってくれたら、と思います。そこには長岡市の助成ももちろん必要でしょう。教育ほど強い投資はありません。

国内で技術科学大学は長岡を含めて2校しかありませんし、高専も限られています。全国から学生は入学してきますし、そこから最先端の知識と技術が生まれてくることを考えると大変貴重と考えます。

工業だけではなく、芸術面においても長岡には伝統芸能、工芸品と数多くの価値ある文化的な財産を生み出しています。長岡には公立の長岡造形大があり、花火大会のデザインを手掛けているのですが、街並みや特産品のデザインなどにも携わって頂き、次世代の方々に繋いでいってもらいたいと思います。

学術面からの支援はまだまだ必要な部分もたくさんあります。雪深い土地で育まれたさまざまな伝統文化や技術を受け継ぐ担い手を輩出するためにも、一層力を込めていかなければならないと考えます。

企業誘致

国内外の有力企業の、市内への誘致を、市のバランスの取れた経済拡大を図りながら、実施していきます。市外から新しい資本と技術を、市内に導入することは、経済の活性化、若い層の働き場の確保にとって重要と考えます。

豊富な水資源と優秀な人材をもって、ＥＶ等自動車関連工場、半導体・精密部品関連工場、医療機器関連工場、医薬品関連研究機関を、計画的に誘致していくことに取り組みます。

特に半導体工場の誘致については、日本は２０２０年に約5兆円の半導体売上高を、２０３０年に15兆円に引き上げることを目標にしています。政府の支援で、北海道でラピダスが先端半導体（２ナノ）国産化を、熊本県でＴＳＭＣとその子会社ＪＡＳＭ、広島県にマイクロン・テクノロジーなど、国内での半導体工場の新設や増設が活発化しています。ＴＳＭＣは第２工場も熊本に、更に第３工場も検討しています。また、宮城県でも半導体ファウンドリー工場建設が発表されています。

半導体工場では、製造プロセスにおいて大量の水が必要です。特に、半導体の洗浄、製造工程においては純度の高い「超純水」が不可欠です。長岡市は豊富な超純水の提供可能で、積極的に半導体工場の誘致を行い、半導体産業クラスターの一翼を担っていくべきと考えます。

さらに、若者に魅力的な商業施設等の誘致にも力を入れていくべきでしょう。

地の利を活かした観光産業

観光という視点では、長岡市内の行事は大小合わせて年に約360件あります。知名度が高いものは花火大会と火祭りくらいですが、実際には伝統的な祭事や芸術、自然観察など、一年中豊富な見所に溢れています。

目を凝らせば豊かな観光資源がたくさんあります。

特に支所地域には魅力的な観光資源、特産品があります。火焔《かえん》土器、花火、錦鯉、里山、雪、水、農産物など、四季折々に有機的に結び付け、観光を主要産業にしていくべきでしょう。

例えば栃尾はパワースポットとして近隣の方たちから知られています。

上杉謙信ゆかりの秋葉神社や、学問の神様の菅原神社、滝の背後にある願掛け不動尊や猫が神様になっている南部神社、蓬平《よもぎひら》温泉の龍神伝説のある高龍神社があり、ヨーロッパや中国の方々が好きそうなパワースポットがたくさんあります。

毎年8月2日と3日に開催する長岡まつり大花火大会は、日本三大花火大会と呼ばれる一大イベントです。

長岡まつり大花火大会の歴史は、１８７９年（明治12年）に遊廓関係者が資金を出し合って打ち上げたことが始まりとされ、以来１４０年以上にわたって受け継がれてきました。

１９４５年の、街の8割が消失し１４００人以上が亡くなった長岡空襲の翌年からは、毎年8月1日22時30分の空襲の時刻になると追悼の白い花火を打ち上げ、長岡の人々の絶えぬ祈りと共に翌日から花火大会が盛大に始まるようになりました。

新型コロナウイルス感染症により一時開催中止を余儀なくされましたが、２０２２年から再開し、動員数もコロナ禍以前を上回る勢いで伸びてきています。

花火大会の経済効果は約130億円以上と言われていますが、残念ながら長岡市には宿泊施設が十分あるとはいえません。

ただ、空き家は数多くありますから、これを最大限活用すれば早急に観光客の受け入れが可能になります。

大型宿泊施設は継続的に一定数の来訪が見込める場合に建設できますが、現在長岡市に大勢の人がいらっしゃるのは年に1回の花火大会くらいですので、まずは小規模の宿泊施設を市内に増やす、あるいはコミュニティ・センター等に災害用の宿泊用キャンプを準備し、貸し出すことを考えるのも、災害対策を兼ね、コストの面から見ても現実的です。

長岡技術科学大学の教授が実証実験している利雪で、100トンの野積みした雪で50メートル離れた15畳程の部屋を25日間安定して15℃~18℃程度に冷やせるという技術があります。この技術を使って市内の体育館を冷房することで、学生の夏休みの合宿等をターゲットに、熱中症の心配なく体育館を利用してスポーツが楽しめる環境を整えることが可能です。この技術は、長岡市の幾つかの地域で観光の武器としても利用できます。

長岡市の交通拠点としての優位性を活かし、各地域で魅力のある旅行者の滞在プランを考えていくべきでしょう。また食産業にしても、寺泊には寺泊アメヤ横丁があり、新鮮な海産物の販売ルートもしっかり確保されています。

黒毛和牛とホルスタインの交雑種である山古志牛も大変美味しく、希少なものです。米はもちろん、栃尾の油揚げ、なす、枝豆など、数えきれない食材に恵まれていますが、ブランド化しきれていないのも事実です。行事や名産品、移住政策、全て繋げていくべきだと考えています。それぞれ単独で宣伝するよりも、行事の中で食べたい、住みたい、勉強したい、と次のステップに進められるように組み合わせて宣伝（発信力、ブランド化）するほうが効果的です。

さらに、支所内にある地酒の名品、久須美酒造「夏子物語」「亀の翁」、河忠酒造「想天坊」、諸橋酒造「景虎」等は何《いず》れも合併支所地域に点在しており、久須美酒造はテレビドラマ『夏子の酒』の舞台となったこと等で全国的知名度があります。

これらの素材を活かした酒蔵巡りなどを企画し、そのため各支所地域間で連携することが重要となります。

観光、ビジネスの両方で、訪日外国人が年々増加傾向にありますが、一方で彼らに十分な対応ができる語学力を持っているスタッフが不足していることも課題にあがっています。はるばる遠方から来てくれたのにもかかわらず、ほぼ対応できない状態になっているため、早急な改善が迫られています。特に英語と中国語での会話力が必要です（新潟県のインバウンド客の中心は台湾、香港、中国、タイ、オーストラリア）。

これは個人の学習に頼るだけでなく、行政側としてもしっかりとサポートをしていくべきと考えます。

ほんの少しの語学力で外国人は喜んでくれます。今はスマートフォンで簡単に翻訳できますが、挨拶や値段の説明だけでも訪日客にいい印象を与えます。

「いらっしゃいませ」から始まって、「この商品はおすすめですよ」など、少しの挨拶や言葉を知っているだけで、海外から来た方は安心感を覚えて笑顔になります。

簡単なやり取りを教える講習を無料で長岡市の方に提供できる場があったら、より世界が身近になって、長岡に来た人も住んでいる人もこの街をさらに好きになるのではないでしょうか。

挨拶は警戒心を解くための役割も担っています。無言でいるよりは何か話すきっかけを作るべきです。まずは寡黙にならないで親しみを込めて訪日客を迎えられるような態勢になれるように行政も支援すべきでしょう。

今は宿泊施設も十分ではない状況ですので、外国人も含めて観光客を受け入れる態勢はどんどん整えていかなければいけません。先述したように滞在してくれる街にするために、美味しい飲食店やホテル、民泊を増やしていき経済を回していけるようにすべきでしょう。

自然豊かな場所で特産品も豊富にありますし、廃校になった場所がいくつかありますから、そこでグランピング事業や農業や芸術活動など活用する手立てはいくらでもあります。

最大限に活用して国内外からの訪問客を十分におもてなしできるようにしたらいいと思います。

農業県新潟の要となる

長岡市の農業は、農業産出額ベースで206・5億円（米160・2億円、野菜20・4億円、畜産20・0億円、平成20年）、新潟県内第3位、全国第78位で、耕種農業が中心です。また長岡市における第一次産業の就業者数の比率は3・9％です。長岡市も、他の地域と同様、農業従事者の高齢化と担い手不足、耕作放棄地の増加の課題を抱えています。

元来、農業経済では、その需要が大きく増加することは難しく、仮に人の所得が増加しても、その食事量を大幅に増やすことには限界があります。

一方で、農家の方々が、たゆまぬ努力で継続的に供給能力を拡大していくと、その供給は増加していきます。

農作物の価格は上がりにくく、また食料安全保障の観点から意図的に価格を吊り上げるといった、供給を調整するようなことは難しく、さらに、大豊作となると大幅な価格下落となりうることから、市場競争の下では、農業は不利な産業であるといえます。

こうした農業において、安定的に拡大する所得を得られ、次の担い手がしっかり確保できるくらい魅力的な産業に変わるためのしくみ作りが重要です。

農作物の生産から加工、流通、販売、消費、廃棄物処理までの一連のプロセスを包括的に捉え、農業を単なる生産活動だけでなく、付加価値の創出と考えます。

これは、第一次産業（生産）、第二次産業（加工）、第三次産業（流通・販売等）を足した（掛けた）形態であることから、六次産業といわれています。

個別の農産物では需要の拡大に限界があるため、付加価値を付けた加工製品とすることで、需要の拡大、市場の創出を図っていきます。

海外への販売も、新規市場の開拓であれば、市場が均衡するまでには利益を得ることができます。海外への販売では、それをどのような機会で、どの食品との組み合わせが良いか、どういった材料で調理方法はどうするのか、しっかり説明し（現地の食文化への理解も）、継続的な販売を行うためのしくみ作り、市場作りが重要です。

また、地産地消で、地元に健康な食事を提供し、子どもたちの成長を促進し、また市民の健康を維持するためであれば、そうでない場合に社会的費用を削減できる機会コストと比較衡量して、市が地元の農家から農産物を高く買い上げて、市民へ安く提供することも可能と考えます。

こうした取り組みによって担い手不足の農業、稼げない農業、兼業しないとやっていけない農業から稼げる農業、儲かる農業、夢のある農業を実現していきます。

他方、長岡の錦鯉産業は世界的な注目を浴びており、外国人投資家の訪問が増えています。長岡は錦鯉発祥の地でもあり、２００年近く前に山古志で養殖が始まりました。錦鯉は泥のある水質で美しい模様が現れるため、田んぼに隣接した養殖用の池（棚池）で飼育され続け、これが昔から続く新潟の美しい棚田風景に繋がっています。鯉は元々生命力が強いので、さまざまな環境で飼育することができ、適切な飼育をすれば70年くらいは長生きするそうです。

現在100種以上の錦鯉が市場に出ていますが、高額になると数百万、数千万円の単位で販売されます。錦鯉の総出荷量約50％を新潟県が占めており、海外からの需要も10年前と比べると2倍を超える60億円産業に拡大しています。

特に米中からの需要が多く、販売シーズンの春と秋になると、買い付けに来た外国人の姿が市内に多く見られます。こうした錦鯉の海外への販売チャンネルは他の特産品、農産物の販売にも活用していきます。

挑戦できるまち

長岡市は産業都市としての地盤は固まっています。

米だけでなく果物などの農産物も豊富に収穫されますし、何より大きな天然ガスのプラントを抱えていることが重要です。

国内最大の天然ガスプラントがある越路エリアは今後も特に注視していかなければならない場所です。

農産物にしても、どれも高級レストランに出される上質のものばかりですが、東京に流通する過程で利益が吸い取られてしまい、農家が儲からない仕組みなので、農業に若い人が寄り付かず、後継者不足に悩まされています。

これだけいいものを作り、全国に供給していることを認識して、県外の方と交渉して長岡に利益をもたらしていかなければならないと考えます。

長岡の方はいいものを作るということにかけては並々ならぬ努力を重ねてきました。これからは、自分たちが生み出したものをブランド化し、独自の流通網を作っていく努力もしなければならないでしょう。

長岡市の外に住む人々に商品のプロデュースを頼むのではなく、自分の土地のものを自分で売るという気持ちになるべきです。

長岡は今後、経済的な部分でも強くなっていかなければなりません。そのためにはやはり若者の力が必須になります。

これまでの移住政策のように「自然の中でゆったりと暮らしてください」と言っても、若い人はいらっしゃらないでしょう。自給自足の自然と接した生活は大変労力がいるものですから、いくら助成しても移住する人にとってはハードルが高いものです。

むしろ働く場所（企業）があり、高い生活の質を保証する賃金を整えることで、さまざまな方が長岡に来てくれます。賃金を高くしなければ若い人は来ません。生きていく上で、家族、友人、職場などの人間関係で培われる「社会的幸福」は何より必要になります。しかし、それだけではなく、経済的な幸福もなければ生きていけないでしょう。

安定性のある企業を誘致し、高い賃金で生活の保証をする。経済的豊かさに偏ってしまうと、自分自身を見失ってしまいます。伝統や文化というコミュニティから生まれる財産を大切にすることで、需要が生まれます。社会的な豊かさと経済的な豊かさ双方が、バランスを取りながら人々の暮らしを支えていくようになれば、若い人も安心して長岡で挑戦できるでしょう。

5年後10年後の長岡を見つめながら、自分の人生を長岡でチャレンジしていきたいと思えるまちにすべきです。

第三の柱　子どもたちへの未来への投資

子どもは宝です。

育児や教育は未来への付加価値に繫がります。長岡市の令和6年度の教育費予算額は102億1590万円です。これは長岡市のGDPのおよそ1%です。長岡市の教育費予算をGDPの1・5%に拡大すると共に、教育費予算を増額していきます。

教育で何より必要なことは、家族だけでなく、周りも一緒になって子どもを育てていくことだと思います。コミュニティで子ども達に豊富な体験をさせていくことが重要です。そのためには、市民一人一人が、それぞれのできる範囲で、地域の子どもたちのために与えていくことです。長岡市は、子どもたちの未来へ投資し、将来の日本の柱となり、世界に挑戦する寛容で風格のある人材を輩出するまちが必要です。

人としての生き方、論理的な思考

子どもは暮らしの中で生きる力を体で覚えていきます。長い人生でたくさんの岐路に立つ機会がありますが、どのように生きていくか自覚を持った人はいかなる場面でも強く進んでいくことができるでしょう。

現在において、細かい暗記はそれほど必要ではなく、初等教育においては、むしろ論理的な考え方や、人間の生き方を学ぶ機会を増やすことが大切です。その点、論語や算盤は非常に高度な思考技術を授けます。

それからもう1つ、古典文学を吸収力のあるうちに取り入れるべきです。日本の情緒、言葉の由来、美的感覚など、あらゆる日本の精神性は古典文学に詰まっています。子どもの頃からそういったものに親しめば、文章能力だけでなく日本人としての豊かな精神性が育まれていくと考えます。

英語やプログラミングのスキルがあっても、それはどこの国でも誰でもできるわけです。日本の柱となり、世界に挑戦し、古きものと新しきものを取り入れることのできる人材。これは表面的な語学やパソコンの授業では育ちません。日本が世界でリーダーシップを執れる人材を輩出するためには、表面だけではなくて人間的な教育が必要です。

何かを学んだ時に、人間的な心の深みが増すことが最も重要なことだと思います。海外で出会う優秀な方々は皆自分の国を愛し、何が素晴らしいか説明できますから、表面的な勉強だけではなく、自分が愛するものを人に伝えることができる学びをしていかなければなりません。それができる人が海外において、多くの友人に恵まれ、信頼と尊敬の中で素晴らしい仕事ができると信じています。

世界から評価されるような人材を育てるためにも、時間単位にこだわらず課外学習としてでも提供していくことが必要でしょう。

幕末、開国を迫られた時に、片言の英語で幕府の士たちがアメリカと交渉したわけですが、「日本人は風格がある」と思った当時の外国人は多かったと思います。

幕末の頃の日本人たちは自国に対する思いが強かった。列強国に呑まれてなるものか、と必死で交渉していたのでしょう。

決して流暢とはいえない英語力であっても、日本を守るという気概が大国アメリカに領土化されなかった一因でもあると思います。

風格のある人と出会えば、その人が暮らす街も同様に素晴らしい土地だと思ってもらえるでしょう。

受け継がれてきた長岡の知恵と精神性を、絶やすことなく未来に繋げていく。刻一刻と変化を遂げる世の中で、何よりも強い力となると信じています。

課外事業等において、教員資格等のしくみの枠を拡大し、子供たちの論理的思考（算数）、人としての生き方（論語等）、日本人としての情操（古典等）を教育すべきでしょう。

各地で導入がみられる宿題、定期試験、通知表のない学校も、各学校の校長先生と協力して導入が求められます。

子どもへの投資は何にも勝ります。

長岡市はひとり親家庭も多いので、そのサポートもより充実していかなければならないと思います。現在、長岡市ではひとり親家庭等の医療費助成（所得制限あり、子どもは、18歳到達後最初の3月31日までの人を対象）、養育費確保支援（経費の合計額の½、最大2万5千円）などありますが、児童福祉手当の増額を行っていくべきと考えます。

学校給食は、地産地消で、添加物や農薬を使用しない食事の提供を行っていくべきでしょう。

中高等教育においては、ディベート能力、プレゼンテーション能力の強化が重要と考えます。周囲を説得し、さまざまなプロジェクトを主体的に推し進めていくような人材の育成が必要です。自分で正しい方向性が判断でき、実行のための具体的なスケジュールを組み、周囲を説得して進めていけば、人生においてさまざまな目標は達成できます。

地域でサポートする幼児教育

子どもが幼い間は、親御さんの相談に乗りながら子育てを地域がサポートしていく。ここまでは現在の長岡市でも十分な支援をする土台はできていると思います。一方で、児童手当については、少子化に歯止めがかけられる実のある施策に練り直す必要があります。「てくてく」をはじめとした子育て支援施設では、屋内の遊び場があり、雪が降っても遊べるし、親が相談しようと思ったら、保育士が子育てに関してお話をして下さいます。私自身はそこで楽器とか運動とか英語なども学べる機会を与えたらいいのではないかと思っています。小さい頃からの体験は大人になってからもいい影響を与えます。

一方で幼い頃からの教育は「エリート教育」ではないのか、というご指摘がありますが、決して詰め込み型で子どもを閉じ込めるものではありません。遊びから学んでいくように、小さい頃からさまざまな体験をする機会を与えることはとても重要です。豊富な体験を経て、子どもはそれぞれの「好き」を見つけていけたらよいと思っています。

ドイツなどでは、1つのスポーツだけやると体のバランスが悪くなりますから、必ず2種目やっていると聞きます。日本でもトップで活躍してる選手は大体2種目やっていらっしゃり、運動神経がよいとどちらもプロ級に上達します。つまり、野球は野球だけと凝り固まらず、プラスアルファでゴルフをやるといったほうが、体のバランスや身体能力そのものが成長するというわけです。

1種目だけでは伸び悩んでしまっていても、別のスポーツを知ることで成長する部分があります。音楽も同じで、ピアノだけではなくギターを弾ければ演奏の味わいが増し、楽しみも深まります。

語学も小学校や中学校に入ってから拒絶することもないでしょう。小さい頃に触れる機会を与えてあげて、場合によってはその分野の第一線で活躍しているプロに教えてもらう機会が1回でもあっただけでも大きな実りになると思います。

人材を活かした課外活動

部活動や地域の歴史など、教員だけでなく地域の人材をフルに活かした総合教育を取り入れ、心身ともに健全な子供を育てることが大切だと考えます。

スポーツでもなんでも、上から指導されることに従うだけでは「楽しむ」という時間は限られてしまいます。

学校のクラブや部活を顧問の先生だけではなく、地域の方たちと連携して子どものスポーツ・文化芸術を支援していくことは、子ども時代の素晴らしい経験の機会になります。

地域の施設を利用し、そこにいろんな人が参加しても構わない、週に何時間も同じ顔ぶれできついトレーニングを続けている日々では、卒業したら燃え尽き辞めてしまうこともあると思います。国内大学生のスポーツ離れは著しく、もっと日常の中で自ら楽しんでもらうことが大切です。欧米でも、同世代とだけでなく、さまざまな世代と楽しむ機会を作っています。コミュニティ全体で楽しんでいます。

小学校のクラブ活動では、児童の人数が少なくなってきていることから継続が難しくなってきている競技等もあるようですが、できるだけ学校単位で行うのが良いと考えます。低中高学年が混ざり合って、一緒に競技することで、高学年は低学年を労り支援し、皆で助け合う経験ができ、将来、さまざまな逆境をたくましく超えていく上では重要な経験となります。さまざまなレベルの生徒が集まることから、指導面における地域のコミュニティの支援も欠かせないものだと思います。

継続の難しい競技や芸術文化等については、広域での合同はやむを得ず、その場合には地域の比較的施設の集中したエリアに各学校から子どもたちを送迎する手段が必要となります。市がコミュニティバス等でそれを支援すべきでしょう。

中学校の部活動は、地域連携や地域クラブ活動への移行が決まっています。生徒が部活動をする目的は多岐にわたっており、選択肢は幅広くあるべきだと思います。部活動は友情や協力を育む場でもあり、自己成長にも繋がります。

地域の高校や大学でスポーツ・文化芸術活動を専門で指導をされている方々からも指導を受けられるしくみを作るべきだと思います。

10年後、15年後の国際競争力の源

各国において、政治、経済、さまざまな分野において中心となり、競争力の明暗を分けているのは、30代前半の世代です。10年後、15年後に30代前半となるのは、今の大学生、高校生です。

この世代を強化し、この世代に投資することは、10年後、15年後のより厳しくなる国際競争の中で、各国、各自治体が勝ち残るための鍵となります。家庭経済の差によって教育格差が生じないことが第一であり、無利子の奨学金制度の創設、複数年市内の企業で勤務する場合の奨学金の免除、さらに海外でのインターンシップ、その他の外との交流の機会の提供を行っていきます。

長岡市には大学が4つあり、長岡技術科学大学（技大）という時代の最先端技術の開発研究を行っている大学、長岡造形大学という芸術系の大学、長岡大学という社会科学系の大学、長岡崇徳大学という看護系の大学です。在籍する大学生は合計で３０００人近く、

その他大学院生も１０００人以上います。また留学生は２００人を超えています。

大学には、研究機関としての役割、人材育成の役割、地域貢献の役割があると認識しており、こうした学生の方々から、長岡の街並み・産業・社会制度・地域発展のしくみ作りを研究して頂き、またインターンシップやイベント企画等地域と交流・連携して頂き、さらには国際的なイベントにおいて世界を見てきて頂く。こうしたことに長岡市も協力していくべきだと考えています。

可能な限り学生には、スキー授業、臨海授業、林間合宿等の課外授業を体験してもらうことで自然と向き合い、自然との触れ合いを体験してもらいたいと考えます。また長岡市にある国営越後丘陵公園や佐渡弥彦米山国定公園、そんな魅力ある公園を楽しみながら生活して頂き、そんな自然環境に恵まれた長岡への定着や、将来のUターンに繋げてゆくべきでしょう。全国から多くの学生が入学されますが、そういった方々も卒業後に外の世界へ羽ばたいて、何年かしたらまた長岡に戻ってきて新しい風を吹き込んでくれるようなまちを夢見ています。

長岡では、子どもたちが成長して高校大学を卒業した後の就職先が乏しいと言われており、皆さん市外へ出てしまいます。

これまで親子２人で暮らしていた世帯の親御さんの心配はひとしおだと思います。ただ、頑張って市外で働いているお子さんを応援し、たとえ挑戦してうまくいかなくて長岡に戻ってきても大丈夫だよ、と迎えられるまちにしたい。

全ての子どもに可能性があります。

家族だけでなく隣近所、まち全体で応援できる態勢があることが望ましいと考えます。

我々の子どもたちが世界に飛び出し、さまざまな分野で将来活躍できるようにしたい。目標をもって努力すれば、何等かのかたちで報われる、子どもたちにはそうした社会のしくみを提供できたらと考えています。

消えゆく精神性の復活

長岡には、文化・伝統・教育については古くから変わらない誇るべきものがあり、さらに産業が発展する場所としては好条件を宿しています。
長岡市は工業地区がありつつも、暮らしと伝統が根付いた土地です。伝統的文化の教育に力を注ぎ、暮らしの中に古き良き伝統が受け継がれてきています。

長岡で受け継がれた精神性には、世界がどのように変化しても、柔軟に立ち向かえる強さがあります。特に今の時代、判断力や決断力が問われますから、いつまでも受け継がれていってほしいと考えます。

幕末、河井継之助も、世界はどのように変化していくかずっと考えていました。列強国の存在をいち早く察知し、そのための策として長岡の独立を謳いましたし、軍の強化に励みました。結果として負けてしまいましたが、平和、つまり今の生活を守っていくために懸命に勉強し考えていたのです。

山本五十六にしても、当時国内が好戦に沸き立っている中、流されず現実をしっかり見ていました。すでに日本の勝利は絶対にないと確信し、だから初戦の真珠湾攻撃で機先を制し、日本が有利な立場で講和できるようにしたかったのでしょう。

田中角栄は隣の市の柏崎出身ですが、世界との調整を見定めていた点で長岡の気質を十分に受け継いでいます。彼は道路を作った印象が強いですが、小林虎三郎のように教育への投資にかける情熱も並々ならぬものがありました。

教師の人材不足に喘《あえ》いでいた当時、「教育で大切なのは義務教育だ」といって教員の給与を公務員よりも高くして採用倍率を上げ、結果教育指導の質を上げることに繫げたのです。

当時日本はあたたかい南部は工業地帯、寒い北部は農業地帯という区分けがされていましたから、彼の選挙区に工場はじめ社会的資本がほとんどありませんでした。そこで教育への投資を決意したのだと考えます。

並行して南部と北部の産業構造を逆転させる「日本列島改造論」を実現させるに至りましたが、一貫して直すべきところは直す、という姿勢でした。

今、長岡にはその精神性が消えつつあるように感じます。長岡の街は戦争で幾度か焼かれてしまった過去がありますが、そこから幾度も抵抗して立ち上がるしぶとさがありました。

戊辰戦争後、長岡藩は廃藩となり、都市機能は柏崎県に移されてしまうのですが、三島億二郎たちは長岡の有志で資金を集め、慶應義塾長を務めた藤野善蔵を招き、長岡洋学校（現在の県立長岡高等学校）を設立します。

新幹線が開通する100年以上も前に、東京で活躍する国内トップの人材を呼び、教えを乞う勉学への貪欲さと、新しい時代に立ち向かう気概は並々ならぬものがあります。とにかく長岡を文明の地にしたかったのでしょう。

当時と比べると、現在の教育はただ霞が関の顔色を窺いながら波風立てぬように動いている状態であると感じます。全国どこを見渡しても同じ視点になってしまい、時代の先を見る気概を感じません。

残念ながら今の日本では学校の先生方にオリジナリティが求められておらず、県内でくるくると人員を回している状態です。辞令があったから機械的に長岡市に赴任する、といった状態では、素晴らしい歴史や価値観が自分の住んでいるところにあるんだよ、と伝えても、子どもたちの心に果たして残るのでしょうか。

「精神性」という感覚はなくなって、長岡はその他大勢の自治体の一つとなってきてしまっているのです。

日本は今、転換点に来ています。

歴代内閣総理大臣の出身地を見ると参考になりますが、近年は日本を牽引《けんいん》してきた人々は西日本出身が多かったです。その昔でしたら東北や北陸にも対抗馬がいて日本全体で切《せっ》磋《さ》琢磨《たくま》できていましたが、九州、中国、四国地方に圧《お》されています。

日本全国から、競い合えるような人材を提供できれば、もっと日本は元気になってくると思います。そのために長岡市は、今の生活において犠牲を払っても、未来への投資を行っていくべきです。

第四の柱　自然環境との共存・地域における共生

現在に生きる私たちの責任として自然、その境界にある里地、里山、里海を守り、次世代に渡す義務があります。

長岡市民の共有資産という観点で、それらを資源として地域活性化に繋げられる新しい持続可能なシステムを創ります。これからの長岡市は自然環境との共存に優先して取り組んでいくべきです。

また、長岡市は平成合併により10の市町村と合併しており、また旧長岡市内にもさまざまな特色を持つ地域があります。これら各地域が独立した自治区のような意識でそれぞれの住民が地域の活性化を自主的に考える、そうした住民意識を醸成します。

一方で、各地域、長岡市全体では、皆が共生していくという意識も重要と考えます。長岡市は、住民意識を高めながら、地域の共生を図っていかなければなりません。

コンパクトシティ化によって生じた町の分断

少子化といえども、中心市街地への一極集中のような構想であってはなりません。支所地域の意思を尊重、大切にしながら、それぞれの地域（3千人から3万人を単位とする）が持続できるしくみ創りこそが地方自治です。

平成の大合併により広大な長岡市が誕生しました。

２００４年の年明けから合併のための具体的な話し合いが始まり、住民アンケートや協議会で幾度も話し合いが重ねられました。

初めから合併に好意的な自治体もあれば、そうでない自治体もあり、当時の協議会の記録を眺めると大変な労力が注がれていたことが想像できます。

賛否両論ありましたが、合併の交渉が進む最中の２００４年、甚大な被害をもたらした新潟県中越地震が発生し「これは皆で一丸となって復興していく必要がある」と、多くの方が考えたと思います。各市町村で合併する必要性が高まり、一気に合併へ進んでいったように思います。

２００５年4月1日に中之島町・越路町・山古志村・小国町・三島町が、２００６年1月1日に和島村・寺泊町・栃尾市・与板町が、そして２０１０年3月31日川口町が長岡市に合併し、編成が完了しました。

合併により近隣の町や村と一体になり、行き届いた教育、医療、介護、交通、行政サービスが可能になると期待されましたが、十分に効果が実感されていないように考えます。

市が支所地域、過疎地域を見捨てるようなことはしてはいけません。長岡市長は、各支所の長として、定期的に各支所に滞在し、支所職員、地域住民の声を直接に聴き、一緒に各地域の将来プランを創造するべきです。


各支所では、支所発展のビジョンを公募し、支所長、支所には権限を委譲し、支所の人事の透明化と公正無私の人事評価を実施していくことで、有能な市役所職員のやる気を引き出していきます。地域の皆さまとの意思疎通がしっかり保てる支所づくりに努めます。

また支所に裁量的な予算をもたせるため、各地域の特産品・製品で集まったふるさと納税による寄附金はその地域で利用することを検討します。

多くの過疎地域では、電気施設、水道施設など、インフラの老朽化が進んでおり、更新・維持コストが課題とされています。

ただし、電気については、ＥＶ車を電池として活用し、各家にＥＶを利用して電気を届けることが可能です。

水についても蛇口直結型浄水器の機能が向上しており、井戸水の安全安心な利用も可能となってきており、さらに飲料用ボトルタイプのウォーターサーバーの利用も可能です。

通信技術やＡＩが整備されれば、遠隔で高度な医療や教育の提供も可能です。

コンパクトでなく、むしろ最新技術を最大限活用し、最小のコストで、スマートに、里地、里山、里海と共生を図り、可能な限り住み慣れた地域で、自分らしい暮らしを人生の最期まで続ける、そのために住民が自主的に活動することを目指します。

それぞれの地域に根付いた文化を大切に育むことが長岡全体の活力にも直結します。

問われる公共交通の利便性

長岡駅から川口地域、小国地域、寺泊地域へは、車でも30～40分、電車やバスを使う場合は、乗り継ぎを重ねなければならず、1時間以上を要してしまいます。運転免許証を返納した高齢者はじめ、自家用車を使えない方にとっては中心部が遠い存在になっていますから、公共交通機関の充実を図らなければなりません。

平成の大合併により長岡市は近隣の市町村と一つになりましたが、その時に懸案事項の一つとなっていたのはやはり中心部である長岡駅へのアクセスでした。

当時の合併協議会では、それぞれの町から長岡中心地までアクセスをスムーズにさせる約束をしていました。ところが現在もその整備は進んでいないため、交通の不便さは当時とほとんど変わっておらず、合併によって市が大きくなり交通網が拡大したため、むしろ不便になってしまっています。

合併により近隣の町や村と一体になり、行き届いた行政サービスが可能になると期待されましたが、肝心の公共交通機関が十分な機能を果たせていないため、場所によっては十分な医療、介護、役所へ提出する諸々の書類などを出せない人がいらっしゃる状況に陥っています。

公共交通の確保で考えるなら、支所地域は小学校、中学校が統廃合されたため、多くの生徒がスクールバスによる通学をしています。

一方で路線バスがどんどん廃止されていく中で、お年寄りの通院がままならなくなっています。長岡市内の駅や大型商業施設、病院等までの地域住民の移動の確保をしなければなりません。これを解消するため、朝学校へ生徒を送り終えたスクールバスを活用するのです。

夕方は、スクールバスで生徒を自宅あるいは課外活動に送り届けた後、長岡市内の大型商業施設や駅、病院等からの地域住民の帰りの移動を担ってもらうことで合併周辺地域の課題に取り組んでゆくべきでしょう。

また山間地域を中心に、ロープウェイ（ゴンドラ）を移動手段として利用するのも一案と考えています。交通弱者である学生、高齢者に利用して頂くのはもちろん、観光客向けにも利用できます。ロープウェイは雪にも強いため、活用の検討の価値は十分あります。

軌道系列車ＬＲＴ（Light Rail Transit）は、今の長岡が抱える交通問題を解決する事業構想だと考えます。一般的な鉄道に比べて建設経費も少なく、街の移動には大変有効な公共交通機関になります。欧米を中心に広がり、日本国内でも富山や広島、宇都宮でも導入が進んでいます。

さらにＬＲＴは幅が狭く設計されているので速く走行することが可能ですし、天候にあまり左右されない利点があるため、冬のシーズンでも運行可能で、雪の悩みが大きく解消されると思います。

都心へのアクセスも長岡市の発展にとっては重要です。東京―長岡間は今新幹線で1時間半程度かかりますが、現在直通便がありません。これが叶えば1時間ちょっとで移動できるわけですから、首都圏への通勤がより容易となります。

合併した支所地域には、山や海があり、好きな方々には最高の場所ですし、道路やＬＲＴで繋げば市内は全て30分以内の距離になります。長岡市は広いですが、全て短時間で繋がる土地になります。交通事情を克服することによって長岡はより魅力的になります。

地域コミュニティの再生

地域コミュニティの分断は、人の絆《きずな》をも失ってしまう恐れがあります。少年時代に体験した地域の人々とのあたたかい触れ合いが、現在失われつつあるのも、土地が増えても人口が減りつつあり、近隣の人々を身近に感じることのできない都市計画が進んだ結果ではないかと思います。

市場の競争原理は効率化において確かに不可欠ではありますが、地域コミュニティの中では、競争でなく、皆の助け合いの精神、共生を基本とすることが、真に住民の豊かさを達成する上で重要と考えます。

これだけ大きく広がった長岡に、中心部だけ大きな建物が並び、どんなに美しい外観をしていても、自分の家から通い辛ければ誰も行こうと思いません。

今の時代、建物は人寄せのために作るのではなく、その土地に住んでいる人の気持ちを汲んで整えていくことが大切です。ここに住む人がどういった生活をし、仕事をし、家族との時間を過ごしていくのか。想像した先に安定と安心がなければいけません。

自分の生活を考えた時に、まず家が必要になります。家があれば暮らしていくために仕事が必要、そして家族が安全に笑顔で暮らしていける環境があるか、子どものための補助はあるか、そんなことを考えながら皆さん人生を考えているはずです。

衣食住が安定していれば、そこは暮らしやすいところ。安全な環境であれば自然と人が増え、消費が増える。だから商業施設を作りましょう、もっと経済を回していきましょうとなっていきます。

綺麗な大型施設が到達点でありません。住んでいる人の生活様式によって柔軟に変えて作っていくべきです。

つまり人生を考えたインフラ整備です。公営団地や、空き家をリフォームして提供し、安心して快適に住める場所を提供する。さらに、家族がそこで暮らした時に、どんな笑顔になるのかを想像して皆さん移住します。何年も住む場所になるから、人生をしっかりイメージできるようにしなければなりません。

高齢に差し掛かると病院の存在がより重要になってきます。たとえ立派な病院があってもそこに行ける足がなければ意味がありません。

大事なことは、地域全体で見守りサポートをしていく形を整えていくことです。長岡の人々は昔から隣近所との付き合いが深く、1人で歩いていても必ず誰か知っている人が声をかけてくれていました。今は大分希薄になっていますが、元々助け合う精神はしっかりある土地ですから、再びそのあたたかさを取り戻していきたいです。

高齢の方も、若い方も、誰かと助け合うことで元気が出てきます。そんなコミュニティを作っていかなければなりません。

「地域の茶の間」に見るコミュニティのあり方

長岡市のコミュニティ再生の参考になる場として、「2025年（令和7年）を目途に、高齢者の尊厳の保持と自立生活の支援の目的のもとで、可能な限り住み慣れた地域で、自分らしい暮らしを人生の最期まで続けることができるよう、地域の包括的な支援・サービス提供体制（地域包括ケアシステム）の構築を推進」するために厚生労働省が立ち上げた地域包括ケアシステムの一環として新潟市にある「実家の茶の間・柴竹」という空き家を利用したモデルハウスがあります。

河田珪子さんが代表を務める「実家の茶の間」と市との協働運営で開設されましたが、現在県内外で「実家の茶の間」としてどんどん広まっています。

長岡市にもいくつかありますが、徒歩15分圏内で地域の方が立ち寄ることができる場所です。そこに来たら何をしてもいいし、何もしなくてもいい。利用者全員がスタッフになって、掃除や食事、大工仕事などを自発的に行うそうです。もちろん保健師さんや看護師さんもいらっしゃるので、健康面や衛生面の管理もしてくれます。

近くの子どもたちも遊びに来て、一緒にゲームや宿題もします。利用料も３００円（中学生以下は無料）で昼食は食べたい人だけが別途３００円支払う。食べたくなければ食べなくてもいいのです。運営は市の助成金に加えて寄付も多いそうで、地域の方が使わなくなった家具や電化製品を持ち寄って「実家の茶の間」が出来上がったそうです。

利用するルールもしっかりしていて「その場にいない人の話をしない」「どなたが来られてもあの人だれという眼をしない」「プライバシーを訊き出さない」と張り紙をし、そっと利用者に意識を持たせています。対人関係において基本的で大切なことです。皆さんそれらをきちんと守り、前からいる方はもちろん新しく来た方も、皆が居心地のいいようにさりげなく気を配っておられます。

徒歩圏内に、自分たちが寂しくない人間関係を構築できる場所があることは大きな支えになりますし、近所の見守りによって個々の健康管理もしっかりできます。

こうした施設を活用して地域コミュニティを再生し、これまで家庭が果たしてきた子どもの養育の役割や、高齢者への介護の役割を、この地域コミュニティが代替していくことが有効です。

全ての人々が長岡市民でよかった、長岡に住めてよかったと思えるコミュニティづくりに努めるべきでしょう。

防減災対策、災害に強いまちづくりの積極推進

災害時に何よりも最優先すべきは、人命です。現在すでに着手又は整備予定の道路網の早期完成はもとより、陸路が遮断された場合を想定し、信濃川を中心とした水系の整備と相まって、ドローン等の新技術を活かした防災都市を創ります。また、防減災のため、地域全体を支援するシステムの構築により、人為的なミス等を最小限に抑えるしくみを構築していくことが必要です。

地域の共生の観点から、土木建設業者の育成強化を図り、災害時や除雪に迅速に対応するため、地域貢献度を要件にした総合評価型の入札制度を導入し、働く若者の労務単価の上昇に取り組み、災害復旧時に中心となる地域の土木建設業者における担い手の確保を図らなければなりません。

市役所内では、災害時に迅速な対応と連携が必要な土木農林部署を別々の場所に切り離

すことを見直し、同一建物内として、各支所の市民生活課には農林土木係を置き技師を配置すべきだと思います。

柏崎刈羽原子力発電所

柏崎刈羽原子力発電所は、新潟県の柏崎市と刈羽村にまたがる東京電力ホールディングスの原子力発電所です。７基の原子炉を有し、合計出力は８２１万２千ｋＷで、世界最大の原子力発電所の一つです。現在、福島第一原発事故を踏まえて、稼働を停止しています。柏崎刈羽原発の６、７号機は、福島第一原発事故後につくられた新規制基準の審査に合格したとして、原子力規制委員会から認可（原子炉設置変更許可）を受けています。

長岡市としては、何よりも優先すべきは市民の命です。軽率な判断は危険で、安全安心が確保されるまでは再稼働を行うべきではないと考えます。

長岡市では西からの風が吹き、冬は強く吹くため、風向きや、風の強さに応じた避難方法、避難路の検討が必要であり、最新のシステムを構築して検討する必要があります。

こうしたことを踏まえたところで、長岡市民の意見を、事前了解権を有する新潟県にしっかり伝えていく必要があります。

また、UPZ（避難準備区域）内の8市町（柏崎市、長岡市、上越市、小千谷市、十日町市、見附市、燕市、出雲崎町）が、再稼働に対する事前了解権を持つべきとの意見もあり、長岡市も、しっかり検討をしていく必要があります。

これからの市役所のあり方

まず市役所の人事評価の透明化を図り、市役所の職員の方々のやる気を引き出すことが必要です。

また市役所の30代前半の人材を集めた長岡市役所の統合参謀本部に当たる総合的な企画部署を新設し、そこで長岡市の60年後を想定した長期マスタープランを作成すべきでしょう。その際には、テーマごとに民間の有識者の方々やベテラン職員より、経験に基づく意見や助言が不可欠です。

次に、それぞれのセクションは長期のプランに基づき、課題を洗い出し、計画的に優先順位の高い順にその課題に取り組みます。そして、これらの課題解決能力に基づいた透明性のある昇進、昇格、昇級等の人事評価を実施することで、情実人事や恣意的人事、依怙《えこ》贔屓《ひいき》等を撲滅しなければなりません。市役所の幹部は管理者ではなく、皆が意思決定者であり、変化の時代において前例は踏襲しない、という考えに切り替えていきます。

苦労の歴史が生んだ米百俵の精神

新潟の県民性はさっぱりとしていながらも親切な印象を持たれており、また人間関係の距離感が心地よいと言われていますが、長岡は、新潟県の他の地域と比べるともっと人との距離感が近いように思います。

昔から家族ぐるみで関わっていますから、話さなくてもお互いわかり合えているところがありました。

冬は朝になると雪が積もっているので、起きたらまず1時間か2時間雪かきをしなければいけない。

農家が多いので、皆で協力して雪かきをして保存食を作り、食料を分け合って生きてきた歴史があります。皆真面目です。

長岡市は温暖でお金や食べ物に困らない地域ではなく、しかも冬には豪雪があり、DN

Aの中に、勤勉・倹約・貯蓄・合理主義・教育重視の精神が染み付いています。

反面、河井継之助のように、好奇心旺盛な人材も輩出してきました。

彼は幕末の越後長岡藩牧野家の家臣だったのですが、江戸や長崎などを遊学し、陽明学や西洋の砲術を学んだ勤勉家です。

当時の最先端技術を見聞きし、西洋に影響を受け、故郷長岡を、場合によっては独立した街にするくらいの発想で近代化させることに尽力しました。

ところが戊辰戦争で長岡藩は負けてしまい長岡藩も軍備を整えていましたが、薩摩・長州藩が持ち込んだイギリスの最新兵器には歯が立たず、圧倒的な力の差で長岡は大敗し、河井継之助も重傷を負って志半ばで亡くなってしまいます。

完全な焼け野原になってしまった長岡を、今度は小林虎三郎や三島億二郎が立て直し復活させてきました。

戊辰戦争で飢餓状態になった長岡藩に、三根山藩から米百俵が送られ「皆で食べよう」

というところで小林がそれを止めたのです。そのお米を使って、学校を作って子どもの将来に投資したのです。三島も小林と一緒に銀行や病院を建てることに尽力し、長岡の復興に尽力していきました。

飢えよりも、時代に後れを取らない教育に投資する気持ちを貫いたこの志が、今も長岡の人々の精神の根幹に繋がっていると思います。

この米百俵で作られた国漢学校では、海軍航空隊設立に尽力した名将・山本五十六も勉学に励みました。

彼が残した、

「やってみせ　言って聞かせて　させてみて　誉めてやらねば　人は動かじ」

という言葉は、「米百俵」から受け継がれてきた長岡共通の精神性でもあり、日本人の根本的な人間関係の表れになっていると思います。

山本五十六から話は少し遡りますが、昭和の初めには、長岡も石油精製やガソリンの生産で好景気になりましたが、第二次世界大戦が勃発します。長岡も市街地の8割が焼けてしまう空襲に見舞われ、再び焦土と化してしまいました。

戦後復興に乗り遅れた長岡は、時代から取り残されてしまったような孤立した状況で日々を過ごしているわけです。そんな中、田中角栄が現れました。

長岡の歴史はいくつもの戦災や災害に見舞われながらも、人々の努力で復活を繰り返してきて作り上げられました。だから長岡の人々はどんな逆風にも負けない、強く賢い気質を備えているのだと思います。

田中角栄は「日本列島改造論」では都会だけ発展させるのではなく、地方も発展させなければならないと、東京と新潟を繋ぐ大事業を行い地方に産業をもたらすようにしました。

これまで山や川で分断されていた町や村を、トンネルや橋でどんどん繋げてコミュニティを広げていくのですから、想像を絶する労力です。彼は道を繋げることによって経済と人が集まることを確信していたのでしょう。新潟だけではなく、日本中を道路や線路で繋ぎ、人々の暮らしを豊かにしたいという思いがありました。

私が子どもの頃、周りの大人たちは皆田中角栄を応援していました。当時国内の景気が良かったこともありますが、砂利道が平らになり、綺麗に舗装されてどんどん変わっていき、トンネルや橋もものすごいスピードで整備されていきました。

道路整備に関しては他の地方よりも進んでいたと思います。私が大学に入る頃には長岡は畦道《あぜみち》でも綺麗に舗装されている状態でした。

田中角栄が先導してもたらした道や橋は、親や子、またその次の世代にわたって使われることを考えながらできていきました。

今でこそ当たり前のように私たちは使っていますが、トンネルや橋が作られる前は、人々は命懸けで山や川を渡っていたわけです。

上越新幹線は新潟から港を通じて北朝鮮に行って、朝鮮半島と貿易をするための構想もあって造られましたから、スケールが違います。

河井継之助、山本五十六も合理主義的な部分がありました。２人とも県外や海外で勉強して新しいものを吸収し、故郷に戻って近代化に役立てている点で共通しています。

海外では地方ほど合理主義と保守主義が組み合わさっている場所が多いと思います。小さい頃は保守的な「村の掟《おきて》」の中にいて、その掟を皆が絶対的なものと思って過ごしている。村長や家長の意見は必ず従うような環境です。

成長して外に出ると育ってきた世界と全く違う価値観や文化に触れることになります。

山本五十六もきっと同じような境遇で育っていたのでしょう。

成長してから渡航し、今まで教えられてきたことの一部に違和感を感じたと思います。

もちろん彼自身にも保守的な部分があるのですが、長岡を出ると故郷の保守的な要素が時代遅れに感じ、新時代の技術や価値観を故郷に授けようと強く思ったのでしょう。

古き良きものを大切にしつつ、新しい物を取り入れる。

こういった柔軟で潔い姿勢は、長岡共通の精神であり、何度も経験した災害や戦災から再起する力になっています。

おわりに

ふるさと長岡の未来のため、世代交代の架け橋となる新たな挑戦をしています。地元長岡は、日本三大花火大会があり、自動車関連産業や米文化など世界に通用するビジネスを数えきれないくらい持っている稀有なまちです。

しかし、若者を中心に毎年数千人もの人口が減少しています。老舗企業はM＆Aで買われ、または廃業し、産業の衰退が加速し、伝統行事も次々と消えていっています。だからこそ私は、今までに培ったビジネススキル、ノウハウ、経験を駆使して、ふるさと長岡の伝統技術や文化を世界に広げて経済を復活させたい。

この想い一点で、長岡を再生するための4つの柱政策を提案させて頂きました。

第一の柱として、好感度の高い、誰もが暮らしたくなるまちを目指し、人口流出を止め、25万人の人口規模を維持し、人口増加への足掛かりを付けます。

女性へ、皆さまのキャリアを犠牲にしない、魅力的な選択肢を提供致します。高齢者の方々へ、健康で長寿を全うできるよう、皆さまが社会に混ざり合って頂ける仕組みを提供します。若者の働く場を提供していきます。首都圏のこれから定年を迎える世代の受け入れ先となります。

第二の柱、民間活力を活用した確実な経済成長、経済革命により経済停滞を生む理不尽なしくみを壊し、次の10年で実質所得を1・3倍にすることを目指します。

自らの優れた製品・サービスの価値を自覚し、ブランド化し、発信していく、流通を自ら担うことで産業を振興します。産学共同の一層の推進と新規事業を生み出すしくみを整えます。企業誘致により市内に外貨を稼げる資本と技術を導入、若者の活躍の場を提供します。地の利、地域の観光資源や特産品を活かし、観光業を主要産業に育てます。食料の継続的不足を踏まえ、農業が武器となるよう振興します。

第三の柱、子どもたちの未来へ投資します。教育に係る予算を増額し、また地域コミュニティ等、皆で子どもの成長を支援します。

子どもたちに、人としての生き方、論理的な思考を身につけさせ、寛容で風格のある人材を育成します。幼児期にもスポーツ、文化芸術、外国語に触れる機会を提供します。地域の人材をフルに活用して子供たちの課外活動を充実させます。10年後に中心世代となる今の高校生・大学生が、世界に挑戦する人材となるよう、奨学金制度をはじめ各種制度を充実させます。


第四の柱、自然環境との共存による持続可能なまちをつくります。地域における自立、共生を促し、コミュニティの回復で、真の豊かさを実現します。

里地、里山、里海と共存を図り、住み慣れた地域で、自分に合った暮らしをして頂けるしくみを創っていきます。さまざまな手段やしくみで交通事情を改善します。各地域の自治意識を促進し、自主創造の気概が育つ地域づくりを行います。皆で助け合う、皆が結びつく場を提供し、長岡に住めてよかったと思えるコミュニティづくりに努めます。何よりも人命を最優先とし、防災対策、災害に強いまちづくりを推進します。

以上の政策を計画的に、確実に実行し、長岡市を柔軟に、たくましく変化し、勝ち残る町へしていきたいと考えています。

高橋宏幸
（たかはし・ひろゆき）

税理士。一橋大学経済学部卒業。国税庁、財務省勤務を経て、ＫＰＭＧ（国際会計事務所、ＢＩＧ４の一角）に入所し、北京・上海で日本企業を支援するなど、日本の行政トップ、海外の民間トップの中で主力として活躍。亜細亜大学・国士舘大学で国際課税を指導。父の跡を継ぐため長岡に戻り、現在は㈱高橋財務情報サービス代表。

新・長岡人　結び直す未来
2024年9月15日　第1刷発行

著　者　高橋宏幸
発行人　見城 徹
編集人　石原正康
編集者　森村繭子

GENTOSHA

発行所　株式会社 幻冬舎
〒151-0051 東京都渋谷区千駄ヶ谷4-9-7
電話：03(5411)6211(編集)
03(5411)6222(営業)
公式HP：https://www.gentosha.co.jp/

印刷・製本所　中央精版印刷株式会社

検印廃止

Printed in Japan
ISBN978-4-344-04344-2 C0031

この本に関するご意見・ご感想は、
下記アンケートフォームからお寄せください。
https://www.gentosha.co.jp/e/